砚里方外

俞飞鹏 著

文化艺术出版社
Culture and Art Publishing House

图书在版编目（CIP）数据

砚里方外 / 俞飞鹏著. —北京：文化艺术出版社，2020.6
ISBN 978-7-5039-6920-1

Ⅰ. ①砚… Ⅱ. ①俞… Ⅲ. ①砚－文化研究－中国Ⅳ. ①K875.44

中国版本图书馆CIP数据核字（2020）第096768号

砚里方外

著　　者　俞飞鹏
责任编辑　张　恬
书籍设计　赵　矗
出版发行　文化艺术出版社
地　　址　北京市东城区东四八条52号　（100700）
网　　址　www.caaph.com
电子邮箱　s@caaph.com
电　　话　（010）84057666（总编室）　84057667（办公室）
　　　　　84057696—84057699（发行部）
传　　真　（010）84057660（总编室）　84057670（办公室）
　　　　　84057690（发行部）
经　　销　新华书店
印　　刷　中煤（北京）印务有限公司
版　　次　2021年4月第1版
印　　次　2021年4月第1次印刷
开　　本　710毫米×1000毫米　1/16
印　　张　15.5
字　　数　260千字
书　　号　ISBN 978-7-5039-6920-1
定　　价　78.00 元

自序

年初，见一砚。

砚，以云作池。云，高挂天空。砚背，就着绿色，砚上浅刻了一小和尚。小和尚，许是诵读经文久了，此时，睡得正酣甜。

斯是何年？斯是何时？是鸟雀亦想合上眼帘的晌午，还是炊烟袅袅牧童归家的傍晚？

不知，做这砚的石料，出自哪个朝代。原石，或处深山老坞，或藏陡崖深髓。也许，砚石是唐人、宋工开山取石以出斯珍后的一次遗落。也许，忽然的山崩地裂斗转星移，石由某个山崖凸出，从此沐得雨露，见了天光。

他，时而过来我工作室小坐；时而刻葡萄砚、蕉叶砚；时而背上行囊，和几个同好一道到金沙江边的山根、崖畔，就为淘石。这天，在一个农家小院一段堆放杂物的土墙旮旯里，他见到了这石。

此时，石已经刀砍斧凿，形成大体砚样。他看看，摸摸，打来一盆清水，洗净砚石，翻过来覆过去地看，之后买下了它。

这会儿，待在川滇一隅的我，在一个有湖、竹、石的地方，端坐蕉窗旁，对着冬日暖阳把玩那砚，读那诗化的砚池、隐约呈现的砚堂。

喜欢这砚，最喜的自是那份独有的闲适。那云，漫散，不为作池而来，甚至于它什么都不为。刻砚，或雕或刻。不少砚，正反边角都有刻雕。雕云龙，雕飞凤，云刻了一层又一层，色俏了一道俏二道。很多砚，总怕刻得不够。这云，好像舍去了人为刻意，脱掉了许多执意。

刻砚，古人今人、素工巧匠，来复去。

遁入佛门，大小佛陀自是要日复一日敲那木鱼念那经文。此砚，若是刻一佛陀敲木鱼默坐诵读，想也合乎。但我更欢喜此时的小和尚，喜他这一刻的自在，喜这一刻的天地寂寂了然本真，可以清空，可以无事。

目录

引语

我的小学生活是在婺源著名的朱熹文庙度过的。那里有红墙黑瓦，翘角飞檐；那里有高大壮硕、威风凛凛的古盘龙立柱，文庙正中，是满满一池风荷的石砌方塘。

文庙背后有座山，称“儒学山”。

沿石径上山，一路漫山落叶，古木参天。儒学山的另一侧，坐落在幽静山根下的是一度名扬中外的婺源龙尾砚厂。

我关于砚的最初认知，源起于这里。

卷一

砚的构造，一是在平面，通称“砚堂”，这是专事研墨的区域。二是深凹的水池，称“砚池”，专门用来藏水、贮墨。三是凸起的线状的边沿，称“砚边”，起留水护墨功用。

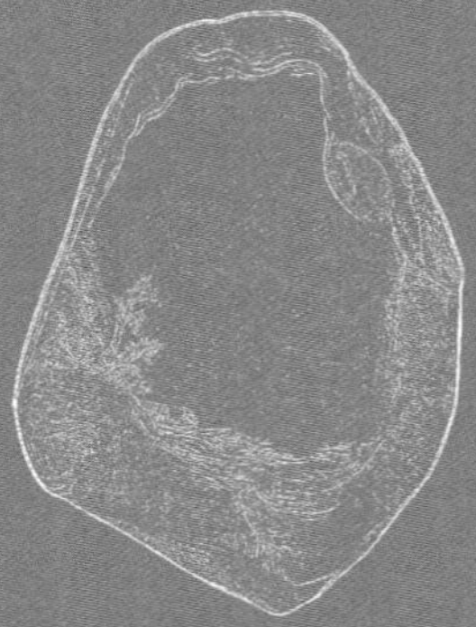

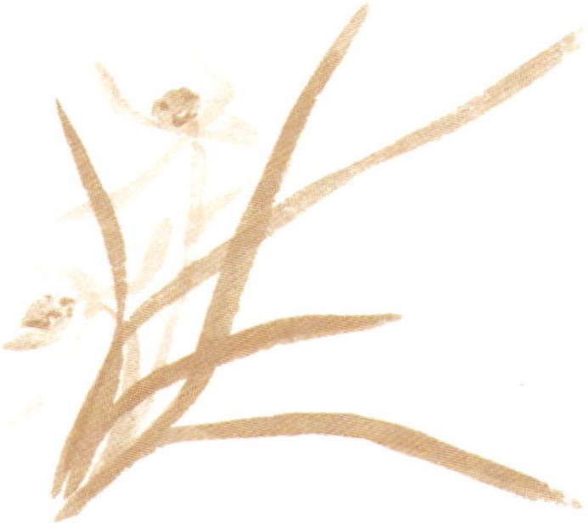

砚是古人的心造，是用作研墨的器皿。

砚的构造，一是在平面，通称『砚堂』，这是专事研墨的区域。二是深凹的水池，称『砚池』，专门用来藏水、贮墨。三是凸起的线状的边沿，称『砚边』，起留水护墨功用。

整体地看，古砚雕刻算不上精细。但称得上精细的砚，仍旧有不少是古代的砚。

一、古代，砚是用作文房的器物

砚是中国古人的心造。

早期的砚，脱胎于5000年至7000年前出现的研磨器。

研磨器，石质，由磨盘和磨棒组成。磨盘，中间凹下的盘、臼样式；磨棒，近似于棒形。

研磨器的功能是研和磨。

从出土的研磨器看，有的研磨器里残留了谷物，有的研磨过黑色、红色或其他颜色的矿物。除研磨外，研磨器还兼具敲、打、砸、捶、击、压，以及旋碾、搅磨等功能。在研、磨的最后阶段，研磨器还起到调和颜料的作用。

砚，专用于研墨的器皿。砚和研磨器的不同，一是研磨对象有别。砚，专事于研墨。研磨器作用于研磨。既用于食物研磨，又用于有色矿物等其他物质磨碾。二是使用方式、手段不同。研磨器的作用，不仅在研和磨，还兼

古研磨器 广州南越王墓出土
中国国家博物馆藏

具敲、打、砸、捶、击、压、碾等手段。砚，只是将固体的墨研成液态的墨汁的器皿。

砚，由研磨器中脱胎，与研磨器有渊源关系。但是，研磨器和砚，手段、功能、作用不同，分工、所事对象有别。研磨器和砚不是替代关系，砚，替代不了研磨器，如同研磨器替代不了砚。尽管，早期的研磨器或用于研墨，砚或也用来研磨他物，但是，研磨器是研磨器，砚是砚。

孩提时代，婺源老屋的雕窗下，墙角落，找找掏掏，摸到过两三方旧砚。有一砚，石质，手掌大小，形长方，色灰白，砚额处雕有硕大龙头，龙，得见残存的溜圆眼神，只是龙角等已破损得不成样子。再一砚，也是石质，砚形正圆，边沿已残破。砚，八厘米左右，青黑色，无雕饰，带纹理。

那些砚，不知缘何出现在老屋。它们由何而来？

又如何是这般凸出、凹下，这般形状、面目？

遁入这一行道，朝朝暮暮，日久天长，逐渐知道砚的源远流长，知道早期的砚，很多带青铜鼎样的足，一度池、堂含糊，无固定的形态、样式，没有现下制砚讲究的线条、砚边。

古代，砚是用作文房的器物。

砚的构造，一是在平面，通称“砚堂”，这是专事研墨的区域。二是深凹的水池，称“砚池”，专门用来藏水、贮墨。三是凸起的线状的边沿，称“砚边”，起留水护墨功用。

以存世古砚看，砚的器形，方、圆形的最是多见。砚的大小，多为十厘米到二十厘米，而高度，多在三厘米上下。

器以用为宗。

以用为宗的砚，有着用的许多考量。比如器形、方圆、大小、轻重；比如发墨怎样，益毫如何；比如是否方便携带，能否便利洗涤。

南北朝　多足青瓷砚

泛舟 陈兴旺

砚，一应布列，随石形凹凸，变化。石色，看似有巧有俏，却不着痕迹。

画面整体古雅。行云、树石、小舟、人物，刻画深入细理，如毛颖的细笔点染。

作为器，一方方砚，做成这样而不是那样，里边的曲直、规矩、方圆，蕴含古老的法度、器理及审美取向。

在端、歙石原产地，最先取石做砚的人，或就是躬耕于田亩的当地农户。三五人家，七八户数，他们在耕作之余，尝试凿起了砚。

砚，供读书人使用，要方便搬移、挪动，所以不能做得太大。

早期，一方砚的功能重在两方面。一是要有研墨的地方，二是研磨出来的墨汁得有专门存贮的位置。为了让研磨时的墨汁不会溢出，砚边的制作逐渐成为制砚一个重要的环节。

最初的砚，可能不便利于用，亦不方便清洗。

官方或民间有用砚的需要，农户就做上几方；若一时不需要砚，农户们就继续到田里干农活。

随着用砚量的日渐扩大，在端砚、歙砚等原产地，制砚慢慢成为一个行当，进而逐渐出现了离开农田，转而成为专事做砚的固定砚工。

专业砚工的出现，促进了砚的产出和发展，砚的雕刻技艺也随着这一行当的勃兴，逐步变得专业、严谨。

二、墨的问世并不意味研墨的砚也随之出现

砚，专事的是研墨。

墨，古人发明的书画用色。考古发现，早期的墨，形态呈圆球状或不定形的块状。秦汉时期，聪明的古人已采松烟、桐煤制墨。在湖北云梦睡虎地秦墓和江陵凤凰山西汉墓发现的烟墨，是现在已知的最早烟墨。

由研磨器到砚，砚的应运而生和看似毫不起眼的墨块关联密切。

研墨，是在砚堂里倒入清水，然后手持墨，边和水，边进行来回或旋转式研磨，从而将固体的墨磨成液态的墨汁。而要研成墨汁，一是用作研墨的

砚要能盛水；二是研磨时要能护住水；三是砚要耐得住墨的研磨；四是砚要利于墨的研磨，且能发墨益毫；五是能存墨不枯。

从墨丸、墨锭，到由手工转变为模制的墨块、固体的墨，要依靠砚的作用才能研成液态的墨汁。没有墨的这一需要，或许世间便不会有专事研墨的砚。人们需要墨色，只有通过一些方式，比如经由研磨器的敲、打、砸、捶、研等。

墨的这一特性，第一，让世上由此生出了专事研墨的砚；第二，让砚成为文房不可或缺的重器；第三，让我们清楚何为利于用的好砚。

固体的墨，在砚上来回反复研磨，什么样的砚，利于墨的研磨同时发墨迅捷，自然就成了好砚。所以，墨块就这样默不作声漫漫长长地让很多不利于研磨的砚类黯然失色，让端、歙、洮、澄四大名砚一磨成名，声名远播。而一度进入砚列的木竹、砖瓦、金属、象牙材质，还有不同级别的各式玉料等，之所以没能成为名砚中的显贵，其中最根本的原因在不利于研墨。

如果我们一直使用的是不必研磨的墨汁，那么世间很可能不会有端砚、歙砚。

没有了砚，宋代痴砚的米老夫子就没有了在皇帝面前出演的那一幕疯癫，爱砚的苏东坡不会有那为砚的千古一偷。乾隆皇帝也不会为砚写那么多的赞美诗词，主编一本大部头的《西清砚谱》。

放开思维漫想，古代中国的很多地域，因为用的需要，或许曾有就地取石，刊粗成砚的现象。因为地处偏远，经济落后，文化贫乏，制砚工具缺失，制砚技术滞后，等等，这些不同地域出现的砚，有的热闹过一阵，由冷落走向了没落；有的则历尽沧桑，跌跌撞撞，之后得以兴盛起来，行到了当下，成为享誉一方的名砚。其中，对这些砚的兴衰起直接影响、关键作用的是什么呢？ 是考量研墨功能效果的墨。

如果不是让很多砚石适用一种固有性状的墨，如果我们能造出适应不同砚石的墨，让不同的墨对应不同的砚石，那么中国名砚的天地将会是另一种

焚香 陈兴旺

此砚芬韵别有。

菊花石上的菊花，作于砚，多见的是摆、搁。

砚刻摩崖、佛国。全砚开刻布列，见意匠，富新意。砚上的菊花，不仅是画面的一个心点，还是不经意的神来绽放。

渊源与流长。

需要一说的是，墨的问世，并不意味着专事研墨的砚也随之出现。

墨块出现后，研与砚，应还有一段漫漫远远、分分合合的功能模糊期和互为作用期。这一时期，我们感觉像砚的砚或还不是专门的砚，或者，它们时而是磨墨的砚，时而仍是研磨他物的研磨器。

三、砚上雕刻图饰，主要在宋以后

汉、晋时期，砚的形态，常见的是圆形，比如这一时期大量出现的青瓷砚。不过，圆形是当时很多器物的通用形态，而非砚的特定形态。正圆形态用在砚上，还和其时制瓷的工艺、技术相关，毕竟这样的形态，相对而言，简单易做，便利批量出产。

由汉而唐，圆形仍是砚的主打形态。

数年前，出外参展，其间见过一砚，那砚，有说出自唐代。整体看，这方砚，形是圆形。砚的主体如立式的圆筒铁皮罐子，池、堂、边几不见有，有的只是开在侧面的一个方口。这样的砚，让人看得一头雾水，不知当它是砚好，还是视为非砚恰当。

比较来看，整个唐时的砚，尽管圆形不少，但也不都是圆形，比如箕形砚。

箕形砚，大体如竹子编织的簸箕。它的特点是砚额处内敛，砚后部奔放，整体如“风”字。箕形砚的砚额，有见方的方头额，也有圆弧形的圆头额。箕形砚，前端以箕肚着地作为足，后部两足支起箕身，整体后略高于前。

通常地看，砚的要素在有池，见堂，具边。这时的箕形砚，开有弧出的砚边，有可以用来研磨的砚堂，但是尚无明确而独立的砚池。

以存世的箕形砚说，有的长度在十厘米到十二厘米，有的是十五厘米左右，还有的在十七厘米到十八厘米。箕形砚，值得注意的是三厘米上下的厚度，这一看似大约的厚度，可是后世砚乃至当代制砚沿用的厚度。

唐砚，带足是一常态。唐砚的带足，有的是三足，有的是多足、圈足。箕形砚，以箕肚着地为足，箕肚是肚亦是砚身。以砚身为足，这是制砚由有足、多足到逐渐去足的一个有意识的变化。箕形砚的另一特点在出现了刚直或柔美的类似后世砚形，有了些属于砚本身的相貌。

中国的砚，宋代是一分水岭。

被尊为典范的抄手砚出现在宋代。

抄手砚，整体呈长方形态，砚底由前向后逐步深挖，凿空，以左、右、前三边着地为足。

抄手砚，融池、堂、砚边于一体，尽管它不再如唐箕那样像什么，类似什么，但是从形制特征看，它还是留存了宋之前砚的一些特点，比如一手端提。

一般认为一手端提是抄手砚的独有特色，其实不然，很多汉唐砚具有这一特点。

关于抄手砚的底部掏空，有另一说法。宋代，之所以有抄手砚这一形式，为的是皇帝出门在外，需要用砚时，身边侍从可以将砚卡在膝盖上，以供御用。

宋砚，制砚上不再欲行又止犹犹豫豫，摸着石头过河了。

宋代，砚的长度、宽度、厚度已有了约定，砚池、砚堂、砚边有了明确分工。通俗地说，宋代，砚有了自己的相貌，有了自己特有的区别于他物的形态、样式。

宋砚对后世砚文化的影响巨大而深远。

宋砚考虑实用已较全面。

宋代，砚不再一味地高了。砚的大小、轻重不再无规无度，砚开始有了适宜的大小。宋人明白，砚的大小适度，所占的位置就适度，比如置于书案就可以恰好。宋砚的大小，有的已和现在的新华字典的大小类似。宋砚的厚度，不少就是现代砚的厚度。从宋砚的制作看，砚边已由过去的宽、粗渐变为窄、细。砚的池、堂，原来的深浅度制作粗放，想做多深就做多深。宋砚整体上已趋于规范，池、堂的深浅已见有度。

宋砚，造形上有了美感。

宋砚，砚形上有了端庄、方正之态，如传统戏剧里的正人君子。宋代，依旧出产之前已有的砚样，在这基础上，还生发了很多形态，宋人唐积所撰的《歙州砚谱》，在"名状第六"这一章节中，列出了很多"样"，如端样、舍人样、都官样、玉堂样、月样、方月样、龙眼样、圭样、方龙眼样、瓜样、方葫芦样、八角辟雍样、方辟雍样、马蹄样、新月样、鏊样、眉心样、石心样、瓢样、天池样、蝌蚪样、银铤样、莲叶样、人面样、球头样、宝瓶样、笏头样、风字样、古钱样、外方里圆筒砚样、蟾蜍样、尹氏样、犀牛样、鸜鹆样、琴样、龟样等。这些砚样，有的形迹依稀可辨，有些我们都没有见过，有的已然失传。

就我们得见的宋砚看，宋砚的砚形不再是一味的方形圆式，而是朝着多样化、形象化方面拓展。

宋代不仅出有代表性的砚式抄手砚，米芾的《砚史》、高似孙的《砚笺》、唐积的《歙州砚谱》、曹继善的《歙砚说》、李之彦的《砚谱》、苏易简的《文房四谱》、叶樾的《端溪砚谱》、蔡襄的《砚记》等众多砚著皆出现于宋代。这些砚著，从不同角度促进了砚文化的繁荣、发展，也使得宋代成为中国制砚史上承前启后、继往开来的重要时代。

相比汉砚、唐砚，宋砚完善了砚的概念，解决了砚应当怎样，究竟怎样，

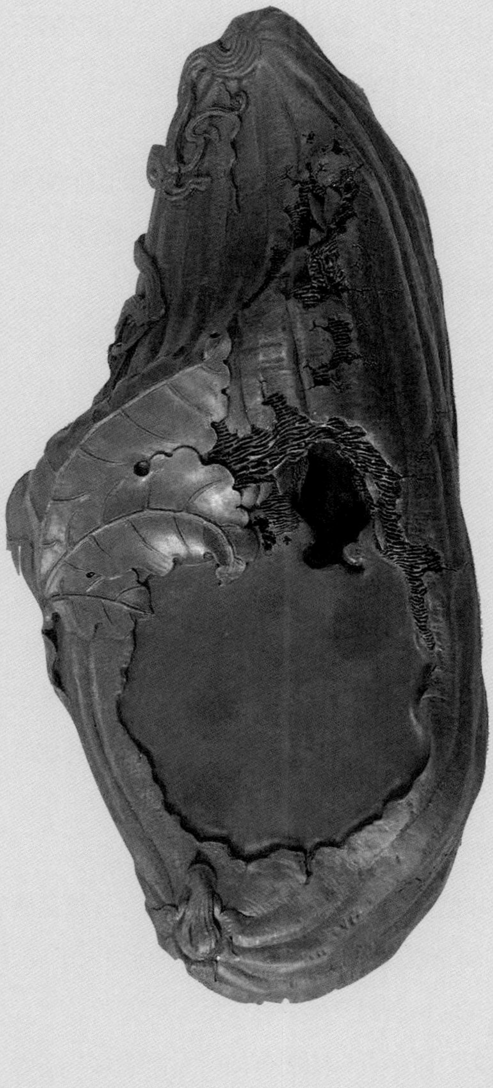

秋熟　胡杨

此砚的可圈点处在虚实中的妙巧用残。作品巧布施残，由表而里，让一砚的池、堂、线、面如秋瓜生出，亦以残凸出秋日的芬韵、气息。

是怎样的问题。

由唐箕到宋抄，是砚制经历的一个过渡，这个过渡的重要标志是砚从踉跄的粗放、大略，进入了形态、尺度、个性、样式兼具的时代。此后的砚，尽管形态上仍有很多演化，但是大的格局遵循的是宋代确立的模式。

从图饰看，宋以前的砚，素式造型的多，雕刻图饰的少。

不过，在砚样粗放的早期，亦出现过雕刻写实的图形，比如藏于上海博物馆的东汉时期出现的带盖三足卧虎样石砚。刻于砚盖的卧虎呈回首状，眼圆睁，耳警竖，鼻略抬，口略张，整体形象生动，手法表现具象。

古砚，尽管不乏写实图饰，相对地看，宋以前的砚，图饰出现在砚上多只是偶有。砚上雕刻图饰或一再出现图案、图画，主出在宋以后，并在明清时期步入高峰。

砚的入砚图饰，一是图案，二是图画。

图案入砚，多出现在非方即圆的规范砚式。

传统古砚的图饰以对称式居多。比如明清时期大量刻于砚额或砚边的对称式夔龙纹、凤纹、回纹、云纹、缠枝纹等。这类图饰，多刻在方形、圆形、门式、钟式等规范形态的砚上，或一左一右放在砚额，或一左一右由砚额至门式的两边，或者直接围着砚边，上下左右满刻。而雕刻手法，多为减地后的浅浮雕出。

图画入砚，主出在可以不用讲究对称，可以自然自由造型的砚上。

图画入砚，构成是自由的，数片芭蕉可以入一砚，一片亦可。一棵盘曲的松树入砚行，一枝松枝亦行。不知是砚先有了变化，而后图画进入了砚，还是因为图画入砚变化了砚。总之，这是砚制发展中一次巨大的变革。

图画入砚，使砚的形式不再老套，而是可以随图画的变化而变化。亦因为图画入砚，砚的雕刻手法从此变得多样而丰富了。砚，不再是一味的浮雕，浅刻深雕的砚有了，镂空雕刻的也出现了，薄意、点刻、减地手法也在砚里有了多角度施展。

四、工匠制砚突出继承性

古砚，由工匠一刀一刀雕镂做出。

工匠制砚是谈砚绕不过去的重要节点。岂止是节点，可以这么说，中国制砚的历史就是手工工匠一代代雕镂、凿刻出来的历史。

匠，从观念看，指的是有手艺，但是功夫一般的手工艺从业者。

不过，在旧时，要成为自立门户的制砚工匠，与成为其他手工工匠一样，并非想成便能有所成就。

有的古人，因为某个机缘巧合，通过拜师进入这一行业。但是，进入是进入，学是学，有道是师父领进门，修行在个人。入得制砚之门，关键还在手艺学得如何，怎样。若是一而再学不进去，掌握不了这一技能，最终的结果也只能是退出师门另谋出路，连个普通工匠也当不了。

古代，亦有因为谋生、过日子等原因进入砚业的一类人。在这类人中，有的通过艰苦卓绝的钻研努力留了下来，成为师父门下的一把好手；有的手艺是学到了，也能做点东西，但是工不精艺不巧，逐渐成为典型的浪迹在砚业里的“匠”。

当然也有一类人，他们为手艺而生，生来就是个手艺人。这类人，或天生有一双灵性的巧手，或心思特别绵密微细，或聪慧颖悟天分极高，或有异于常人的澄静。

古代，还有一类我们不能忽视的制砚匠人，就是匠家子孙。

过去，手艺的传授向来有传内不传外，传男不传女的古训。学业三年，不如匠家子孙三日。中国的砚雕技艺之所以得以代代相传，匠家子孙是其中至关重要的一支嫡系。

这些出身各异的人，进入制砚行业，从裁切砚料、打坯、凿形开始，一天天，一遍遍，周而复始，反复练习，抑或他们就做一个模式的砚。他们的技，在这样的锤炼中由陌生到熟悉，由成熟到娴熟。他们之中，有的逐渐成

清玉砚　武汉博物馆藏

为工匠中的能手。其中，制砚天赋、技艺、水准、识见高于一般工匠的人，或可成为远近闻名众人皆知的名工巧匠，甚至一代名匠。他们中的佼佼者抑或成为某个朝代某个阶段推动砚雕技艺发展的关键人物。

工匠制砚的特点突出在继承性。当朝继承前朝，子继承父，徒继承师。继承的重点，一继承砚形、样式，二继承功夫、技艺。

工匠制的砚，比较多见的是重复性的。比如，普通的长方形素式砚或圆形素砚等。做砚，他们只需按已有的图形样式，或是祖师爷那辈传下来的，或是描画出来的图形，按砚堂的大小、砚池的深浅、砚边的宽窄做出就行。

砚，历汉而唐至宋，从发展的脉络看，由粗放到规范，由工细到精巧。这一进程中，砚的好与坏、优与劣，一点一滴的进步，全和工匠的手艺好坏、熟练程度、禀赋优异有着千丝万缕的联系。

制砚的工匠，他们有可能压根儿就没想过要为中国的砚雕技艺承载什么或留下些什么，但事实上，是他们在承继中国制砚的技艺，亦是他们在一点一点地发展传扬砚雕技艺。

难以想象，没有这些工匠，中国的砚史会是怎样的东倒西歪，七零八落。没有他们，今天的我们可能无法知道徽派、广作，端砚、歙砚，无法知道何为蝉形砚，何为抄手砚。

五、整体地看，古砚雕刻算不上精细

与新砚相比，古砚给予人更多的是尘封久远的感觉。古砚身价不低，收藏一路看涨，许是因此，市场上不时可见伪品。

古砚，相随物用功能的退却、隐去，它的另一面，比如留存其中的人文思想、素朴情怀等却在不时浮出。

新仿砚与古砚之别，首先在于新仿之砚总飘浮一层难以尽去的光泽，这样的光泽，业内人称“贼光”。

伪作古砚，首先要做的是去掉新砚的浮亮光泽。旧时的作伪者惯常使用的手法，一是将砚搁入酸菜水中，加入陈年老醋，长时间浸泡，然后找寻古旧老宅里的陈腐黑土，和入糯米糨糊涂于砚上，然后长久搁置。二是将新仿之砚放在浑浓的茶叶水中，加热长煮，有的在煮的过程中要加入适量的碱。三是将新仿砚和着草木灰反复搓磨，之后涂抹上旧墨晾干，然后在黑旧土层中长埋。

看一方砚是否为古砚，多时，我更愿意依凭刹那感觉，看隐隐呈现的一见如故的老态、性状。尽管，这样的看难免失手，过于主观。

鉴别古砚，比较靠谱的方式还是要从砚的质地，样式、形态，题材、内容，雕刻用刀，表现形式，刀口痕迹等入手，结合气息、光泽、手感、铭字、包浆等，连成一体综合地看。

小时候，听母亲说，外公藏有好几方砚。

有一砚，长方形，砚上雕刻的是腾云驾雾的云龙，云龙口中含有一颗金灿灿的珠子。母亲讲，此龙珠很是神奇，天气晴好时，龙珠颜色鲜亮，金光闪闪；遇到阴雨天，龙珠的色泽会变得暗淡。

这方砚，外公一向珍爱有加。

曾经是教书先生的外公用毛笔手抄过《康熙字典》。据母亲回忆，即便在抄录《康熙字典》期间，外公也很少拿出这砚研墨。

“文革”期间，外公的藏砚与凝聚他心血的手抄《康熙字典》，一并失落。

20世纪80年代，在婺源听说过一事。有一走街串巷的商贩，用十五斤食盐，在婺源乡间换得一方雕有“云龙”的古砚，这方砚，砚边已破损，龙嘴含一宝珠，金色。其时外公已谢世多年，那砚，是否就是外公藏的那方，已无从考证，而外公手抄的《康熙字典》至今了无踪迹。

古砚，近些年出来不少，砚价不断在创出新高。

整体地看，古砚雕刻算不上精细。但称得上精细的砚，仍旧有不少是古代的。

喜欢古砚的人，有的喜其雕刻的精细，有的则看重年份。

古砚，我也喜欢。看到古砚，我会油然而生思古之幽情，留存于古砚中的岁月旧痕，陈年老味，都令人心仪不已。古人身处僻静之隅，他们制的砚，浑融天地、日月，能于一方小小的砚中现气象万千。

我在台湾见过一方圆形古瓷砚。

瓷砚，为了利于研磨，砚堂通常不上釉。瓷砚，由于做的都是一个模式，方便成批制作，古代在山东、山西、四川，出产量都很大。

此砚带盖，砚盖是手工画的青花，画工潦草，打开砚盖，里面开有环形池，无雕饰。

天津艺术博物馆藏有一方明代古澄泥砚，砚长二十厘米、宽十五厘米、高七点七厘米。此砚雕刻一蟾，头稍仰，眼圆睁，整体造型高古。相看这悠远的灵物，觉得它好像在好奇地看着世间，又好像在审视着你。

以蟾为砚，将砚池、砚堂开在蟾身，似也顺理成章，可古人没这么做。他自如自在又了无拘束地在神蟾的口中安一荷梗，然后将荷梗蜿蜒着曲向蟾身，让荷叶在蟾身上自然展开，在展开的荷叶上巧开砚的池、堂、边线。荷叶与蟾，蟾与砚就此交相辉映，蟾含而不全露，叶团而出趣。欣赏这样的砚，实有别开生面匠心独来的感受、慨叹。

曾经见一方掌心大小的古抄手砚，砚样长方形，可爱乖巧，令人叫绝的是整个作品看不到一个带九十度的角。观其做工，线条由上而下、从里到外，一根根劲健挺直，精准到位，严谨非常。将砚翻来覆去把玩观赏，面面唯美。如此的匠心、这样的精工，读罢直让人由不得心惊。

又读古歙蝉形砚，那是一个高手留下的意形的砚，出世的蝉。实中寓虚的蝉额、大而洞开的蝉眼、圆润而虚构的蝉身，虚得神出鬼没，虚得摄人心魄。

在砚雕高手层出的明清时代，出了一个女砚雕家，她就是康熙年间盛极一时的顾二娘。顾二娘的蘑菇砚，取蘑菇的正面凹巧为砚堂，用蘑菇的另一面巧为砚池。全砚形制圆润，造境出新，雕刻绵细，巧妙得令人拍案称绝。

说古砚，常常会联想刻砚的古人。想他们制砚那时，陆不通车水不能舟，那时没有电话、电视、汽车。有的是老牛的欢叫、小鸟的鸣唱。他们的身心融于空寂天地，许是因此，古砚总弥有一份特有的素朴、静谧。

卷二

歙砚，看看，再看看，总是那形那样，浅浅刻，点到为止。一根线条或昂扬或内敛，一方复一方，看着这样的歙砚，会觉得歙砚如老式座钟，走走，再走走，像是要停摆在那了。

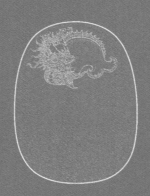

歙砚，略一看，颇像婺源山溪里游动的鱼花，时而清晰，时而隐秘，从总体看，歙砚之出手自由自在。歙砚源远流长的浅浮雕刻，并非歙砚人的故作风格刻意而为，而是歙石构造之所以使然。

端砚的山水，有水的地方，多会雕出细密的水纹。一艘小船泊于溪边，船刻得细，船边的水也会细细地刻画出来。

曾经想，如果一直在婺源刻砚，今天的我，可能只是融入歙砚长河的一滴细雨。感恩苴却砚让我可以了无拘束地刻自己喜欢的砚，能够自由地为砚著书立说，独立思想。

一、端砚延续了较完整的传统工艺

端州人看端砚，首重砚坑。

端砚的砚坑，最具影响力的有老坑（水岩）、坑仔、麻子坑。只要石出这三大名坑，砚的文野高低，雕刻精绝或刻工稍逊，多半可以忽略。

除却砚坑，端州人的另一看重非石品莫属。比如鸲鹆眼、青花，又如鱼脑、天青。

许是因为太重砚坑名品，端州看砚，砚家一再告诉你的多不是砚式、工巧、艺术、格调，而是名坑，以及青花、鸲鹆眼、鱼脑冻。这样看砚，心真的有些吊吊悬起，担心如此看砚扩散蔓延形成惯例，日后的端砚可以无所谓创意雕刻、功夫构筑，要的只是石的出身，只重那名贵稀罕的石品。

端砚的云，雕的多是双线云，云的刻法工整，凸凹明确，此云与彼云有讲究的联系。看这样的云很古老，很讲法度。

端砚的荷叶、叶脉、荷梗，一应都有刻法、手法。

端砚的山水，有水的地方，多会雕出细密的水纹。一艘小船泊于溪边，船刻得细，船边的水也会细细地刻画出来。

端砚延续了较完整的传统工艺，有独具一格的砚雕面貌。以全国来看，如端砚这样的传统工艺延续在其他砚种可谓鲜有。

我一向喜欢端砚。一方面，我爱它特有的砚相、独得的砚味。另一方面，又觉得端砚不只是雕法、砚貌的一径古老，想在端州不时能看到有别于传统面目的端砚。

一个砚种，艺术、思想、方向的引领者，自是制砚的大家。

大家是带头大哥，是标杆、旗帜。

制砚是制砚。

好砚，能体现作者对砚石、砚艺的解构认知，是灵性、技艺、人文、学养等的综合。

制砚，可以老坑石里锦上添花，也能够化老坑石的神奇为俗劣、腐朽。

我以为，与人津津乐道老坑鸲鹆眼砚石价值多少的可以是砚手、商人、职业砚工，而不应是大家。大家的标高，可以在学养、思想、境界，在作品体现的不同于凡常的蕴意、气象，却不尽在老坑名品上镂刻了什么。

大家的难能可贵，更应当看的是在别人瞧不上眼的堪比腐朽的砚石上造出神奇。

作为产业，端砚也不例外地在呼吁做大做强。

端砚，多大才叫大，多强才算强呢？ 广东省端砚协会会长王建华兄告知，端砚，目前还一般般，龙头企业少，做成大集团的没有。端砚协会现在做的更多的是基础性的工作。端砚石，从发展的眼光看，现在的价格还不算高，十年以后或更远的将来，端料价格会更高。端砚应当会更好。

能把砚业做大做强，是好。在攀枝花，我曾经说，砚雕行业做大做强做好做精都好，因为做好了，有利于砚业的兴旺发展。

肇庆是著名砚都，有好友黎铿，有一批各有其擅的名手大家，是写有多部砚著的刘演良先生的家乡。

端州看砚，来一次，兴奋一次，就因为想看到更好的端砚。想那样的端砚是端砚但不一味泥古，有砚雕家个性亦具时代特色，能匠心独来兼备思想性、艺术性，可以令砚人刮目甚至傲视海内砚林。

在端州，我这样想；回攀枝花后，我依然这样想。

二、从构筑看，歙砚很注重线

歙砚，略一看，颇像婺源山溪里游动的鱼花，时而清晰，时而隐秘，从总体看，歙砚之出手自由自在。歙砚源远流长的浅浮雕刻，并非歙砚人的故作风格刻意而为，而是歙石构造使然。

歙砚的入砚题材，也是云龙、飞凤，山水、人物、花鸟，和他砚并无二致，细看形成画面的雕刻处理却有不同。比如云龙，不少砚种，总想把云龙雕刻得立体、精工、毕现。于是，砚上每刻云龙，总怕刻得不深，雕得不细，镂得不空。歙砚刻云龙却多不这样硬刻，而是随材，巧妙，能隐约就隐约，能点到就点到。

歙砚的山水，树一定有具象的，但是一定不全具象。屋舍一定有写实性，但是更多来自意象的传统国画手法。歙砚的月，一弯新月看着是凸的，却不见得都凸，经常出现的小雨篷船，按比例、透视不见得对，可是刻在那里的味道多是在的，够的。

从构筑看，歙砚很注重线。

刻砚，都要讲用线吗？不都是。看陈端友的砚，线在陈端友的砚里，可有也可无，即便有线，也绝不强调线，绝不倚重那线。但是看歙砚，由外

合什

陈兴旺

虚实凹凸，结体营构，是一砚的不变经由，是砚之所以为砚。

此砚，刻出了器性、气度，图饰雕刻不多，却能于看似迷离的凹凸中凿造远古的苍茫、浑然。

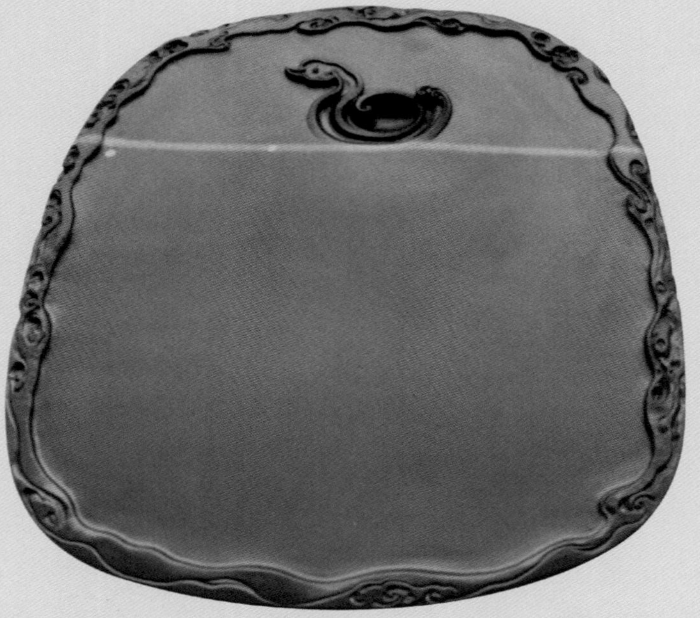

春江水暖　林繁瑾

砚以线为水，水上浮一小鸭。

砚边一圈的水纹是刻的，似欢快地流淌。其了得处在于砚池的天使般的生出，难得处在于这砚出自17岁女孩之手。

而内，向背底里，无论池、堂、砚边，无论龙凤、山水、松竹、楼阁、人物、花鸟等，哪怕是不见任何图饰的素式的砚，线也无处不在。

歙砚的线，时而，是徽歙一带溪涧中的流水；时而，是山坞里老牛的一声鸣唱；时而，带着山雀的喜悦；时而，是微风拂过一潭清碧的荡漾。

歙砚，有很多善刻者。

大约在1995年，有两兄弟，在攀枝花一家砚厂附近租下一间小屋刻砚。他们自画自刻，时而人物，时刻山水，时是竹节，时雕松鹤，一来二往，他们刻的砚有了市场，总有人来这里论价买砚。

在攀枝花，遇一婺源人。在婺源，我不知这人，没见过他刻的歙砚。有一年，他从制砚地来找我这个家乡人，于是，我知道了这个土生土长的婺源人。他刻砚，多只刻山水。他刻的楼阁流水、溪桥人家一概镂空、“悬浮”。他习惯雕刻大块砚石。时下他的刻砚，显然已非歙砚旧法。时而，我到他那里看他，只不多日，看他就会在砚石上刻出一方新作来。

还有一人，亦来自婺源。这人待在攀枝花一家砚厂，主刻古鼎。少有人知道，这家砚厂大大小小的古鼎多出自他刀下。

去到白墙灰瓦的歙砚人家，向里走，再往里，常常会见一宽亮所在，那里，工人时有七八，有男有女，有的年龄20岁左右，有的30岁到50岁，都在刻着砚，很细密的小景山水。他们雕雕刻刻，谈谈笑笑之中便刻出来了。刻砚，于他们只是想刻就刻，不必太花力气，不必过于用心。刻就刻，不刻砚，下到农田里一样干活。

出生在这样一个山高水长的歙砚之地，我说过，是制砚人的幸，亦是不幸。有幸，是因为在这耳濡目染，日久天长，可以学到至正的制砚手法，开出怎么看都合乎要求的池、堂、线、面，做出四平八稳、方方好、处处圆的砚。而不幸，在于这里有太多的人知道这样做，会这样做，在这里做砚，似乎也只能一如既往地这样做。

歙砚，看看，再看看，总是那形那样，浅浅刻，点到为止。一根线条或

圆 黄同庆

此砚的造刻很有创意。制式，以重复圆弧构筑。全砚的语言面貌别具现代筑构。

昂扬或内敛，一方复一方，看着这样的歙砚，会觉得歙砚如老式座钟，走走，再走走，像是要停摆在那了。

可是时不时的一天，一次，一下，见到几方或一批歙砚，见到时而琢素，时而雕人，时而浮雕一池风荷，时而只是凿云，云由砚的这一面流淌到另一面。那些砚，得歙砚池、堂、线、面精要，看不出泥于什么，执在哪里，停泊在何处，能看出的是这一刻法到另一手法，以及其间的跳跃自由、随意、率性。于是，又觉得歙砚是鲜活的，呼吸着的，有生命的。

三、红丝石，色调温暖而亲近

红丝石，色调温暖而亲近。

歙石冷而敛，红丝，一径明丽。歙砚之美，在刻又不尽在。因为，歙石时不时自然生成的若隐若现的水波、眉子、金晕、银星，会撩拨你的心弦，让你欲罢不能，上手了便放不下。直却，单一紫地上多少带有石眼、金线或黄绿膘色，如此，是紫地石色之点缀，又能为布列构思带来依托、启迪，而红丝，弥漫的多是剪不断理还乱的丝纹。

曾经想，若我的案头置一红丝石，当怎么刻呢？会一再无所适从、无计可施不知由何处下刀，甚至无从入手吗？

画家石可早年制有一方红丝砚。

石可先生主攻版画。版画强调黑白比对，注重装饰性，讲究个性语言与雕刻技巧。我不知道石可先生的版画特色、风貌、语言怎样，能记得的是他刻的云月砚。这方砚，石形自然天成。这样自成妙趣凹凸有致的形得画家石可的喜爱，再自然不过。

不过，这样的形，入砚，看似易，其实不易。

它的不易，一要随石融入。

随石融入，石有厚薄、大小、质性、色泽之别异。刻砚，不同的石，要对应不同的图饰，雕刻池、堂、线、面。是跟随，石怎样，砚依石而机动、变化。随，又非一径盲目随石，紧要的是依石融入砚艺。融，如鱼与水的自然自在，又如随风潜入的好雨。随石而能融入，看的是一个砚家平日制砚的经验、累积，看能否就石因材，随石形艺，要的是能随不同砚石开出新天妙地的功夫。

二要人砚合一。

刻砚，一刀刀很具体，打掉一块砚石易，要将打掉的砚石重新找回却再无可能。人砚合一，合的是什么呢？合之一，是人为施入的意念、图像、雕刻等要合砚石。合之二，在你构想的砚样，开出的池、堂、边线等，浑如石之本来所孕所生，石与砚能一体合融。

刻砚，先依规矩，再求方圆。先入必然王国的严谨规范，再求自由王国的随石生发。尽管过程是这样，但是具体到刻砚人，还是要看。比如，都是职业砚工，入砚都有十多年，都经由方圆素式、规范砚式的锤炼，都打雕过各式异形，可是，有的上手刻砚还是习惯刻规矩砚形，看到规矩砚形，池、堂、边线便可以一一呈现，了然于胸。而不习惯刻那各异石形的，观那砚形，时常仍是横竖不是，左右犯难。

石可先生心随石游，看砚石上红丝浮动，随那红丝勾画彩云，接着，在彩云里生出一轮明月。最可以的，是他在布列出砚的大概之后，让一轮明月直接化作了砚池。

以今天进步的眼光看，石可当年雕刻的这方云月砚，尽管脱去了低俗、匠气，融入了些许画意文心，但是他毕竟不是职业砚工，砚中的云朵凿刻呆滞，下刀吃力，池堂、砚边等无法刻得专业而到位。从刀路看，他用得最多的刻法是抠。

刻砚，可以刻、雕、打、铲，石可为何要抠呢？之所以抠，其一，自是石可的制砚功力不达所致。其二，和其时制砚工具的不全、不够，不能得心

天方　黄同庆

开池，起线，做堂，而后在砚上刻几行字，镌上印记，很多砚手会做，在做。全砚于简约中凹凸素朴文心，概不简单。

应手相关。

红丝砚，石出山东。古古远远的时候，红丝砚不仅闻名遐迩，还曾有砚中第一之美誉。

我在入砚的1980年乃至之后一段漫长的时间里，一度只是偶闻红丝砚之名，鲜见其身。

现下的红丝砚，刻，早已不是画家石可面砚石制砚的当年，无论琢素雕花，还是描龙刻凤，已然百花竞放，各有呈现。

似乎一夜间，沉寂多年的红丝砚醒了。醒来的红丝砚，尽管有的制砚还不熟练，有的用刀还较生涩，有的手法如端，有的格局似歙，可我，还是要为现下的红丝砚叫好，亦信能够放下身段学习端歙的红丝砚，自有一天，终会有属于自己的独特语言、独特面貌。

四、松花，那石那砚

应邀两次去过松花砚产地，一次讲课，一次刻砚。

和澄泥砚一样，松花砚曾经盛极一时。不同的是，澄泥砚享誉于唐，松花砚兴旺于清。

在端、歙、洮、澄四大名砚风头正劲的宋王朝，世间还没有松花砚，用来制作松花砚的名贵砚料——松花石，其时还在白山黑水的北国沉睡。

吉林白山，松花砚的主产地。在那儿，朋友专门带我去山里看过松花石。那些或黄或绿的砚石，零零散散，错落在山坡、野地、陡崖、路畔。一路可见三五户制砚的人家，院子里，高高低低堆着松花石。

相比端石、歙石，松花石的质性要硬实很多。这样硬的砚石，真不知当时制砚的清人在没有电动工具，没有硬质合金刻刀的前提下，如何把松花砚

做得那样精细、精致，那么美轮美奂又风采独具。

古松花砚，是早已消逝的古人所制。古人取精用宏，就石因材，造了许多别样的梦幻。面对老祖宗留下的这批砚，时下的松花砚人该如何再创神奇，做出令人刮目的松花砚，谱写耳目一新的迤逦乐章呢？

在松花砚，我看到很多新做的砚。新做的砚，可以肯定的地方在敢想、敢做。题材海阔天空，雕刻随心所欲，造砚，举凡想得出的多能造得出。有一砚，刻的是《西游记》里的画面，师徒四人行进在取经的路上，唐僧骑在马上，沙僧挑着担子，八戒扛着钉耙，悟空腾云驾雾。砚做得不小，时间也花了不少，雕刻也下了功夫，可是，我没法从依砚、随材的角度谈点什么，因为，这样的做，做来做去，只是在松花石上做了个画面而已。还有一砚，印象颇深，砚上雕刻了两只小动物，雕刻得非常精细。我想，砚刻到这般细腻程度，端、歙也不过如此。可是，这砚的细，仅仅是细在小动物身上，砚池草率，砚边草率，砚堂一样的只是草率。

照搬照抄，依样画葫芦做出仿古砚，从学砚的初

鱼龙图砚 孔繁湛

砚取上品白端，刻鱼龙。池，妙巧生于其中。龙头雕刻扎实，下刀入微，绵细，深入。鱼身虚刻，点到，意到。全砚刻雕喜庆、洗练，匠心独具。

级阶段说，不失为一条路，但是，若只是仿，一味地仿，仿出来只是为了卖出去，这样的做砚，做到后面，路只会越走越窄。

砚是砚，什么是刻砚呢？很简单，不管在砚石上雕龙雕凤雕了什么，最终雕的必须是砚。马雕得好，只能说明马雕得好；龙雕得像，证明的只是雕龙的本领。刻砚，砚刻得好不好，水平高不高，不在马如何，不在龙怎样，而在能力怎样。

松花砚要发展，得先有一批会做砚的人。人可以引进，但是人又随时可能流出。引进人容易，留住人却难。

做好松花砚，一要研究砚理。

砚是砚。研究砚理，为的是继承、掌握砚的构成原理。知道砚之所以为砚在什么，为什么，怎么样。松花砚要做大做强，技艺是根本，技艺上不去，任你怎么说，人家只把它当二流砚种看。

二要研修做砚手法。

做砚的手法，有的代有流传，有的师徒相授。比如端砚的深雕、歙砚的浅浮雕等。研修做砚的手法，精通一门或了解多样手法，都有利于松花砚的光大弘扬。

三要了解松花石本身。

做松花砚，了解松花石十分必要。松花石适合什么样的雕刻手法，什么样的雕刻手法更易于展示松花石的美，这需要我们做深入的细察，需要大量的制砚实践。松花石不是端石、歙石，发展松花砚，不能靠照搬清代松花砚，照抄其他名砚来发展。优秀的砚种都有自己的造血功能、核心技术，松花砚也一样。

砚，文心素朴，风雅淡定。砚可以大巧不雕，却决拒繁复俗套。任你怎么做，只要是做砚，雕的龙、描的凤、刻的山、镂的水，都不能和砚无有关联，因为你一刀刀下的，为的、想的、刻的是砚。

是砚，总有砚边、砚池、砚堂搁在那儿。那里边不乏规范、尺度、约束，蕴含器理、道理、原理。做砚，是不能得过且过貌似就以为是。貌似的砚，毕竟是貌似。是砚的砚，终究是砚。如何登砚堂，入砚室，取得制砚真谛，做出一流的松花名砚，这是松花石，不仅在石，而且在砚的关键，是松花砚发展的至要、所在、根本，是值得当下松花砚人深思的重要课题。

五、俏色而刻，苴却砚正在形成的一大特色

写了很多砚，该说说苴却砚了。

苴却砚，我在刻的砚。

曾经想，如果一直在婺源刻砚，今天的我，可能只是融入歙砚长河的一滴雨水。感恩苴却砚让我可以了无拘束地刻自己喜欢的砚，能够自由地为砚著书立说，独立思想。

苴却石，上苍赐予攀枝花的珍稀。

苴却石予人的美是丽质天成的明丽之美。如果说端石如贵妇，歙石若深闺女子，苴却石则是当代丽人。这丽人在明媚的日光下走来，在撩人的春风里漫步，美轮美奂如醉人的诗篇。其又像时代的聚焦，在不同的光照中，让人于惊艳中惊讶，在惊呼中惊叹。

苴却石为砚，可考于清末民初。

苴却石再度行世，于1985年。一直深睡的它好像在等待一个可以让自己绽放的时代。有人说姗姗来迟的苴却石是应运而生，也有人认为苴却石本来就属于这个多彩的时代。

苴却砚是个有意思的砚种，在其他砚种还在冬眠的阶段，苴却砚便悄悄做了一些开先河的事。比如很早的时候，苴却砚人已在谋划海内外联手推举苴却砚，再如1989年，在中国美术馆举办了中国苴却砚专展，等等。

以雕刻论，苴却石深雕、浅刻、镂空、薄意皆能得宜。

稀品金田黄古琴砚之
高山流水

从制砚看，起步阶段的苴却砚试着学过端砚。不知道苴却砚现下的深雕是否源于此，如果一定要找寻现今苴却砚上留有的端砚痕迹，可能是雕得深、浮了。不过，苴却砚的深、浮，深总是有，而浮并不同于端砚。端砚的浮是平面悬浮加上讲究角度的斜切。这样的手法，在中国传统的玉雕、石雕、木雕皆能找到源流、痕迹。而苴却砚的浮，是非端非歙的硬实深雕之后的浮出。

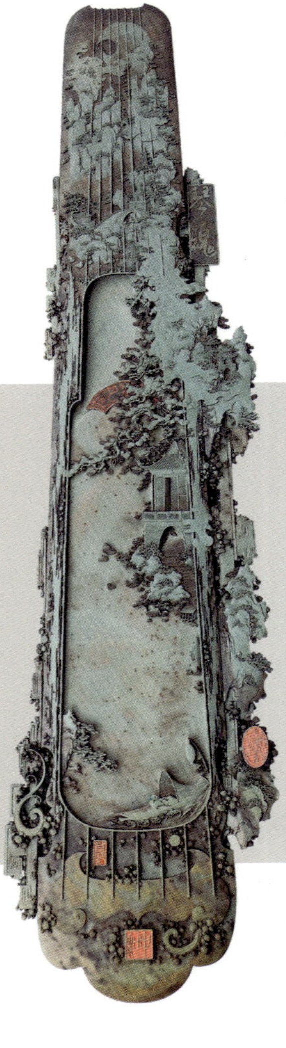

稀珍苴却石冻玉古琴砚之春江花月

普遍地看，苴却砚雕刻又非都是清一色的深、浮，而是以俏色为主兼有深、浅浮雕的一类砚刻。

二十多年里，我看到的苴却砚是拿了很多金奖、评了很多大师的苴却砚，是梦想做大的苴却砚，更是野蛮生长的苴却砚。或是盲目冒进，许是急功近利，现在的苴却砚，行到了一个不知何去何从的十字路口。

接下来的十年或三十年，制砚上，苴却砚将有怎样的演化呢？

其一，俏色刻砚将继续。

俏色刻砚是苴却砚正在形成的一大特色。这一特色，在今后十年乃至更长的时间里，会贯穿在苴却砚的制作中，继续存在下去。

其二，搬画入砚将逐渐淡化。

搬画入砚，将各异的绘画，如《芥子园画谱》《三希堂画宝》《马骀画宝》中的人物、山水、花鸟画面搬抄入砚。各地砚种皆有。

时下，比较多见的是搬画入砚，在苴却石上雕画。不过，画毕竟是画，砚终究是砚。搬画入砚固然在某个阶段丰富了砚刻，但是不管怎么刻，砚有砚的独立、独具的语言特性。刻砚就是刻砚，搬画入砚，刻得再好只是画。

其三，回到制砚本身是必然。

制砚不是雕龙描凤，刻山作水。

苴却砚的制作，将来必然有一个回调回望，再学习、认识的过程。

何时进入这一过程，是五年以内还是十年之后？这一过程需要进行多长时间？很难进行预测。

一旦步入这一进程，相信有更多的苴却砚人会潜下心来研究砚理、器理。有的会学习琢素，探索刻砚手法。有的会埋头读书，注重自身学养。还有的会选择一个时期离开本土，走出去，访名手拜名家，或者直接到端砚、歙砚的产地，从根基的一招一式学起。

顺利的话，许是三十年，经由这一过程的苴却砚会形成自己的特色风格，会有刻出个性面貌的砚雕高手，会出现入得制砚堂奥而不泥的一流大家。

六、澄泥砚，堪称伟大的物造

澄泥砚，四大名砚中唯一不是石质的名砚。

澄泥砚，堪称伟大的物造。

澄泥砚，前身是陶泥砚，是由泥揉制，经高温烧结而成的一类砚。

澄泥砚制，唐代已闻名遐迩。唐时，为人们熟知的名砚不一定是端砚，也非歙砚，但不可或缺的是澄泥砚。

澄泥砚，历宋而明至清，其神奇的配方、古法却不知在何年何月戛然止步，从此云霞湮灭，了无痕迹。今人制澄泥，有河南制、山西制，还有山东制，制出的都是澄泥砚，但是制作之法各有隐秘，各具别异。

澄泥砚是如何成砚的？那微细的脂泥由何而来，历经过多少骇浪惊涛，才在某个幽深的角度，有了些许澄出？经由多少岁月沉淀，才能既细又腻，能够和泥成砚？古法制澄泥，要入黄丹，加墨蜡，何为黄丹，何是墨蜡，如何加，加入多少才是最好？而和泥，得加水，这水要多清澈，才能与这泥浑然和濡，它们的配比怎样，加多少泥、水，才是最好？

再说烧制，放在哪里烧，要有怎样的一座沧桑古窑，用的是块状的木柴，还是乌黑的煤冶？一次，可以搁入多少块砚，烧多长时间，火候、温度多少才是恰好？还有那神鬼莫测的窑变，是怎样烧，才出现万千变化的鳝鱼的黄、蟹壳的青、玫瑰的紫、虾头的红？一切的一切，无从猜测，难以揣度。

澄泥砚，脱胎于古陶砚。远在两汉，澄泥砚便可以依从一个模式，批量化地复制出产。入黄丹，加墨蜡，团和如面，和之捣之，以物击之，令其坚密……古远的先人一步步将脂泥和而成形，通过雕刻，烧制，秘蒸，幻变为文房中的宝爱，让它从此身置翰墨书窗，不可以想象，老子、庄子、孔子、朱子，还有孙子的兵法，李、杜的诗章，以及青铜器、景德瓷、苏州绣，有多少的文思才情，妙得迁想，通过这小小的砚池，成为传扬千古的经典名篇，神思妙造。

明朱砂红荷鱼砚
天津博物馆藏

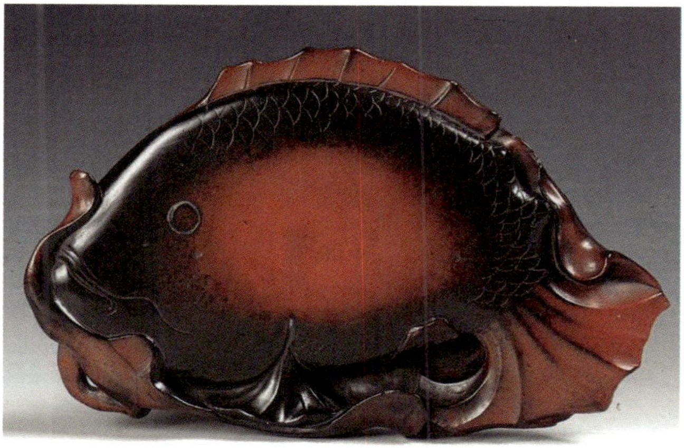

泥砚之妙，妙在成砚之前，这时的泥可以有不尽的变化。泥砚之珍，尤体现在烧炼之后，满满一窑单色的砚经过夜以继日的陶冶，燎炼，有的分崩扭曲，有的四分五裂，而经此一炼，能幸存下来成为披丹霞，具奇彩，刀铁不入，金刚之身的澄泥砚，不过百分之一二而已。

稀珍澄泥，稀世美砚。

做澄泥砚，不同于做石砚。

做石砚，料石的形体是确定的。做石砚的人，怎么做，都得根据砚料形态乃至相生其中的品色因材施艺。澄泥砚不，做澄泥砚，你面对的只是一团浑淤的泥，它是具体的，也是无形的。你可以团泥塑型，亦可以一瞬间将塑出的型归零。做澄泥砚，砚的形态、大小、厚薄，一切得你去创意、成就，任由你造就。

做石砚，我们总是在减着做；做泥砚，却可以减中增加，不断叠加，亦可以不断递减，一减再减。

双面雕长方门式砚

孔繁湛

门式砚是一古老砚样。

此砚，刻门式的砚面，布刻见法度，专精。除却砚面，作者依砚石凸凹，雕云弄水，在砚背另辟蹊径地刻雕了另一番很见心性的天地、意象。

做石砚，料石的形态是确定的；做泥砚，却可以任由大小，随泥变化。做石砚，只能硬做，在确定的砚石上做；做泥砚，却可以柔“和”。做石砚，在实中如何生虚，有中如何生无；做泥砚，妙在虚中能够寓实，无中能够生有。

做泥砚，任由拿捏的过程可谓快活，但最终是一慢活。

一方泥砚，从和泥开始，到造型，粗刻，雕，剔，刮，削，其耗费的时间少则月余，多则数月。做泥砚期间，还得看天地造化，风速怎样，气候如何，雨天阴天，不时影响着泥砚从晾放到烧制过程。泥砚自始至终神秘莫测，扑朔迷离，充斥太多的始料未及。

做泥砚，即便具有刻石砚的扎实功力，也不等于就能做好泥砚，哪怕由做石砚的必然王国行到了自由王国。

如果说做石砚的功夫是少林功夫，那么做泥砚的功夫更像是融通的太极。如果石砚是男人，充郁的是阳刚之气，那么泥砚如女性，流溢的则是和柔之美。

卷三

刻砚之路，想来应有千万条，不应就是浅浮雕或深浮雕，不应只是泊于古式，日复一日。砚林的砚雕家，就像我们耳熟能详的朱耷、石涛、郑板桥、张大千、齐白石、李可染等画家一样，当各有风貌，应各有不同。

学砚的初级阶段，在知石，知砚，知刻。

素砚，我更意愿看到素中见朴的一类砚。朴，于制砚者而言，要的是一份素朴文心，由这份心性生发，做的素砚才有可能如行云似流水，还其真，得其意，浑其形。

面砚石，你想雕什么，不过是你的想法。

面砚石，找到藏于其中的砚，凹凸它的虚实强弱、池堂向背，乃至精魂。这才是设计。

这样的砚，如今总是踪影难觅。夜半醒来，起身坐于西窗旁，想这样的砚，身处浮躁的当下，是否已然，无法刻造。

一、把石雕成砚，可以是砚雕，却未必是砚雕艺术

学砚，起步应学什么?

入手学砚，有人学刻的是松树、梅花；有人起步就学雕龙刻云；还有人初始学的不是雕什么，而是开砚池，打砚堂，起线条。

刻砚的打刻，专业上称作“走刀”。

走刀，要求刀向着砚石，人跟着刀走。走刀，执刀要稳，下刀要准。走刀，下刀轻了不得，重亦不得。

打刻，走得好的刀，刀路清晰而有模样，可以后一刀接连前一刀，前后走得如出一辙。

面一石的下刀，当你不再深一下浅一下地飘忽无定，当你一刀下去想浅就浅，可以一步敲打到位想打多深能打多深，锤炼到此时，你的打刻阶段的走刀功夫可算是基本有了。

走刀，走的是刀，练的是手感、静气、心性、稳定性。

刻砚，同一题材，不同的人做，气象、效果各有不同。

从阶段看，学砚的初级阶段，在知石、知砚、知刻。知石，是否是做歙砚的认得金星、金晕，做端砚的知道何为青花，何是鸲鹆呢？当然不是。知石，重在知道砚石的质地、脾气、性状、别异。知砚，讲的是对砚的语言、要素、特性的认知。做砚，做的是砚。做砚，不仅是开池、做堂、起线，更非只是雕龙描凤，刻花镂草。知刻有深雕浅刻等手法，也有具体面一石的不同下刀。学砚，起步的刻，开砚池也好，雕云龙也罢，不管刻什么，最需要学的是用刀、刻法、理念，最需要具有的是刻什么都能精益求精、一丝不苟的态度。

刻砚到达一定阶段，砚家的差异，从小的方面看在砚内，比如出手的快慢、雕刻的粗细。从大的方面看在砚外，讲的是修为、见识方面的功夫。

把石雕成砚，可以是砚雕，却未必是砚雕艺术。

放眼看，中国很多的刻砚人走在砚路，仅是你雕我雕他雕，大家都雕龙描凤，都讲线条，讲雕刻的入细、层镂，讲砚边、砚池、砚堂的规范。这条路，因为代有延续，一代又一代的砚人进得门里，入得其中，日复一日，做着以为正统的砚。以至于很多人以为砚就是这样子，砚也就是这样。

刻砚之路，想来应有千万条，不应就是浅浮雕或深浮雕，不应只是泊于古式，日复一日。砚雕家，就像我们耳熟能详的朱耷、石涛、郑板桥、张大千、齐白石、李可染等画家一样，当各有风貌，应各有不同。

艺术地刻砚，不是一而再，再而三地依样复制，松树雕来雕去都是一样的造型，竹节刻来刻去如出一辙。艺术地刻砚，不是老调重弹，依样画葫芦，不是古人怎么做你怎么做，师父怎么教你怎么刻。

艺术的砚是砚，又妙在不仅仅是砚。

一叶一菩提 张学军

砚造随石，随肌理。

有意思的地方还在于作者的探寻，譬如石形与砚样，去与留，人为施入与天意。

那么，砚雕艺术或者艺术的制砚，如何衡量呢？其一，要讲砚性。制砚，所雕所刻应紧扣砚的要素、语言，这是大前提。其二，要见个性。个性，是砚家个人特有的风貌，是你有别人无的自己的腔。其三，要讲独创。刻砚贵在独创。举凡设计、应材、用品、雕刻，砚上皆能另辟蹊径，独特独到。

二、有讲究的开池，要诀在哪儿

职业砚手，池开得不错。同行试探着问他诀窍，一次次，他总是七绕八弯答非所问。想学本事的同行每每走到他身边，还没看到什么，他却已机警地停下了刻刀。

一方砚，池的重要性堪比人的眼睛。常常，我们会不由自主地觉得端砚、歙砚好，好在哪儿呢？好在刀工、技艺、造型、线条，是的，这些都不错，而其中的还不错，便是砚池开得方圆得体恰到好处了。

很多砚，觉得不好，有时恰也在那池，一看那池，似乎其他的雕龙描凤、松梧梅竹就无须看了，是的，刻砚刻砚，连最基本的池都开不妥帖，其他还看什么呢。

看一砚好不好，有素养的砚家，其实扫一眼砚池足已知道底里，通过砚池便可知道做砚人学砚几分，手艺怎样，学成多少，具何斤两。比如，打个凹下的窝窝荡荡，以为就是开砚池，那么其多半没经过正规训练，没得到过什么专业指点。那砚，随他吹得天花乱坠，看着就是业余。

一方砚，有讲究的开池或开得有门道的砚池，要诀在哪儿呢？

其一是钻。钻，用在砚池中，表达的是一深旷感。深，有人以为就是砚池要开深点，事实上，很多开深了的砚池让人感到的不是美感，而是开得无度，过深了。池的深度，不是简单的深与浅，而是如何开出有感觉的深。旷，讲究的是在有限空间开出虚涵长度、宽度、空阔度。

其二是圆。圆，非凹下的标准圆形。凹下的标准的圆，哪里深哪里浅，终是好办一些，可是砚池不是。砚池的圆是很有讲究的圆，这圆深中寓浅，浅里有深，圆韵有度，过渡微细而妙巧。

其三是团。团，有如一气场。团，一在不觉空洞，二在不觉空落。团，让人觉得空而有物。

康熙年间的顾二娘做一砚，一正一反刻有两朵蘑菇，正面蘑菇开为砚面，反面蘑菇巧为砚池。那砚，砚池开得灵巧、独到，别开生面，让人过目不忘。海派大家陈端友也做一蘑菇砚，那砚的砚池，在蘑菇的自然翻卷中形成，一眼看去若无池，其实砚池巧藏其间。

池，怎么说呢，有的砚，那池，看着大小适度，深浅度也好，可是就觉得砚不好，而不好，好像就在池。有的砚，感觉就是好，而好，亦脱不了砚池。那池，看着深，其实也没多深;觉得大，细看也不大，池里一样没什么东西，可是，似就一团无中生有的若隐若现的精气神韵。

三、古代，素砚的发展经由大致的三阶段

素式的砚，一砚之中，有分割，有深浅，有长宽，有曲直，有比例，有线面，有方圆，有对称，讲虚实，见刚柔。

好的素砚，是尺度、器式、工艺、美感的完美结合。

素砚，无花色雕刻的砚。

古代，素砚的发展经由大致的三阶段。一是汉、唐时的模糊期。这一时期，所谓的砚，有的概念模糊，时而很大，时而很小，时而不高，时而很高。大体看，这一时期的砚，砚堂、砚池分工不清，有代表性的素式砚是唐时出

现的箕砚。

二是见尺度，讲分工的宋砚阶段。由唐代而行，一路跌跌撞撞，终于到了宋代，砚的大小、厚薄、长宽有了相对确立的尺度，砚池、砚堂、砚边在砚里有了明确的分工，比如出现于宋代的抄手砚。

三是精进的明清砚阶段。制砚，由明而清，砚在题材、雕刻手法、样式、创意上已有了多方面的发展。这一阶段的素式砚，方圆皆有，素砚中讲究、实用的门式砚亦出现于此。

古旧的方形或圆形素砚，不过一池、一堂，兼具砚边。以量产论，古代，素砚是出产量最多的一类砚，可谓遍地都是。

古砚中的素砚，并非一方方做得都好，而是绝大多数的素砚做得不够好。

相比雕花镂草的砚，素砚更见单纯，更具实用，以制作看，去掉了花式雕刻，不必因材，巧色，用品，只要开出砚堂，挖出砚池，做好砚边，一方砚已大体成形。

早年学砚，我学做的第一方砚是长方样的素砚。以形体观，相比抄手砚，长方样式的素砚远没抄手砚的高度，总体上它扁了很多，也平了很多。深究一下看，这扁平了很多的砚轻了，形态制式简洁了，更便利研磨、书写、洗涤了。以砚制的演进说，这样的方形砚体现的是宋代抄手砚之后的进步与发展。

学制砚，可以不讲究，也可以讲规矩。讲规矩地做，从做好一根线条开始，从如何开砚堂，打砚池开始，而这样的开始，由素式的方圆形砚入手，可以说是一种行之有效的方式。

目前我们看到的素砚，大多偏于工素形制。这类砚，造型见工，线条见工，池、堂，侧、角、底等亦见工；这类素砚，长度、宽度、厚度严谨规范。以做出的池、堂、边看，工，有的已走到尽去浮料的地步。或因一味专于工技，工素的砚意已不在素，而是在“作”工，矫揉“作”，甚至过于在“作”。

好的素砚，增一分则长，减一分则短。它可以深浅恰好，比例恰如，过

清风 陈兴旺

一叶一世界。砚，巧竹叶为池。这砚的好在流溢其间的清风徐来，在刻意推敲中的看似无心，在刻出了清澄、静谧、秋声。

渡巧妙，丰实完满。高层面的素砚，似经由辉煌历过灿烂，如山还是那山，水还是那水。它的美在以素显美，在简约之美，是简朴中呈现的素简之美，是极简中的定然不简。

素砚，我更愿意看到素中见朴的一类砚。朴，于制砚者而言，要的是一份素朴文心，由这份心性生发，做的素砚才有可能如行云似流水，还其真，得其意，浑其形。

素砚，但凡提到雕刻，总让人想到工与技。而做，总免不了修与饰。你得为一方砚，一步一步小心翼翼地做、修饰，这里做好了修那里，哪个地方不妥，还得继续修、做。

做素砚，我的脑子里时常会蹦出两字：琢素。

琢，丢开了做的修，饰，刻，雕，心忽忽然如沐随风潜入的好雨。琢，让你有如画画时的快意挥写。琢，你可以自自然然心随所愿，如“明月几时有”的不经斧凿顺手拈来。

琢素，是的，若不能做到由心，刻，如何能得于心。

四、打砚底，打的是根基，练的是手感

砚底在砚的背面。

初学制砚，很多人有过打砚底的经历。

用来打砚底的刀主打是平口刀。

握平口，要点是刀要握稳，稳的好处，比如，刀口不易打缺；又如，一刀刀可以走得扎实。刀握稳了，最重要的在于打的时候，刀能匀平走，而习于平走的刀走出的刀路，不会偏东偏西，不会一会儿深一会儿浅。

敲打讲究力道，时而可以浅打，时而则要重敲。有人打砚底，初始打得还有板眼，打打，刀便走不平了。因何不平？其一，需要用力一致时轻重不一。打，讲力道一致时就得一致，不能忽轻忽重，前后不一。轻重不一，打出的地方深一刀浅一下，前后不一，前轻后重会越打越深，反之则会浅浅浮起。其二，打的时候要因石用力。原初的砚料，表面多有高低坑洼，面对这些料石要因石施力，不能生硬敲打。

入手打砚底，可以在任意方向开打下刀，可以四边统打或始于一头，之后接连过渡到整体。也可以沿着四边，先作大体敲打，求得总体深浅，然后

秋水 陈兴旺

砚，具鲜明的探索性。池，别开。恍恍然，似感觉一下子忽来。整砚，别于传统砚样。这样的弥新脱旧，气象别开，自不仅在一个砚手的果敢。

一小块一小块由边沿向中心推进，还可以就着左右任意一边，一刀刀稳敲稳走，扎实推进到另一边。

面对忽高忽低的砚料，打，多以低处为基准。

初打砚底，深一刀浅一刀，打得着急，盲目冒进，敲来打去东高西低总不见平，属正常现象。其实，初始打得慢的日后未必逊色快的。快，说不定是一时摸到门道的小聪明；慢，亦可能因此走得稳健学得绵细，打下厚实根基。

面一石，打打，雕雕，刻刻，将凸凹的匀平，将平铺的打凹。这样的打，其中分寸把握，熟手也非一挥而就，唾手可得。

打砚底，不同砚家各有巧妙，各具门道。

早年学砚，为打好砚底，常有犯难。一次，面对一块总打不平整的砚底，正无计可施时，过来一老砚工。他一边招呼我，一边拿上我的砚料，带我到他的工作台前，然后，取来一块玻璃，将我没打平的那面搁在玻璃上，之后，将玻璃高高托举起，让我由玻璃下面向上观望。这一看，我一下看见问题出在了哪儿，知道应该修正哪些地方。

此可谓打砚底的一个窍门。

打砚底，打的是根基，练的是手感、心性。初学打砚底，在我看来，最好的做法不在一时的窍门捷径，而是一步一脚印，静下心来好好打。

五、池之于砚，不是一个孤立的存在

池头，龙尾砚的称谓。

池头，位置处在堂与池之间；池头，是砚堂到砚池的一个过渡。池头的形式在传统的长方形、椭圆形砚样中，多呈半圆的弧形。

一方砚，开得好的池头，其一，搁在那儿不突兀、不呆滞、不笨拙、不勉强，不画蛇添足，关键，能开得让人看着得体，觉得舒服。

其二，刀要下圆活。池头，处于砚堂与砚池之间，是由堂到池的经由，所以，池头是池、堂的过渡。这个过渡由刻刀体现，是技术活又不仅倚靠技术。池头的用刀，刀要下得细腻而圆润，深一点点浅一点点，那一点点是多少？ 没有严苛的标准、尺度，全凭你的用心、经验。

其三，要浑实饱满。歙砚开池头，要求开得如罗汉肚子，能浑，能满，见圆，见实。

其四，要敛而有度。好的池头有样有度，而度的恰好更在有敛力。

一池开于砚里，可开得明媚，也可开得清幽。刻砚，有人可以将一碧青山雕得云蒸霞蔚，将一脉云龙刻得活灵活现，可不一定开得好池。

早年，攀枝花来过一制砚人，这人刻砚多年，在砚石上雕得一手好花鸟，因为开不好砚池，尤其不知砚池与花鸟图案如何安排、结合，一直，他只能一分为二地做砚。一分为二做砚，一是左右分刻，一边开池，起线，做堂；一边雕刻图案。二是两面分做，砚的一面开池，做堂;砚的另一面雕刻图案。

做一砚，这样或那样做，包括一分为二做，没什么不可以。只是这样一分，砚与题材，图案与砚，砚与石的形、色、品等，显然做不到好砚讲求的浑然如一，水乳交融。这样的做砚，一方砚的因材、随形、相石、构思、雕刻、整体处理等，都成了另一码事。

硬性地开一池，如取长方砚坯做一素式，那池，宽的地方多宽；窄的地方多窄；何处当深何处该浅；放，放在哪；收，应收于何处，学过素式砚的多开得出来，不过，一旦取异形石，结合题材、石色、画面，因材开池，有的常常杂乱得不知所以。

做砚，要开好砚池，先得学习、掌握开砚池的要领方法，学会开出合格、到位的砚池。

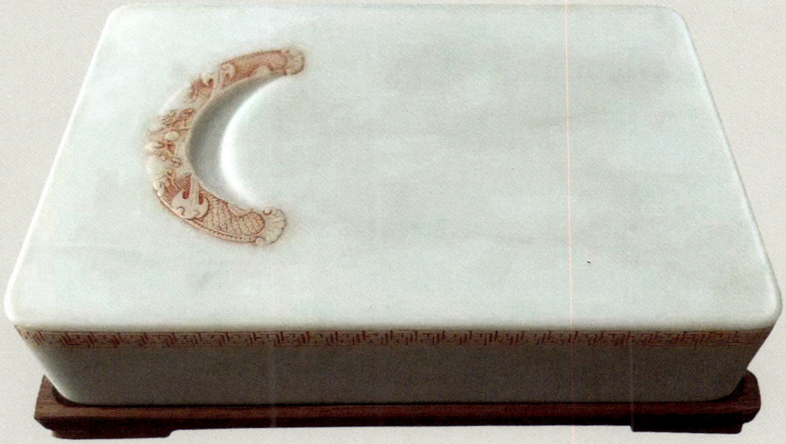

长方白端月样砚 孔繁湛

此砚，脱去旧式，整体斯文，洗练。此砚雕刻着墨不多，但恰到好处。长方样的砚，刻造素来多样。其独出心裁的布列、走刀，尤见意妙横生。

砚池的开法，一是大小、宽窄要恰到好处。二是不显小气，不觉拘谨。三是力求实用，适度深开。

做砚，谁都想开出上好的砚池，那么，好砚池是怎样的呢？

其一，好的砚池能融。

开得好的砚池，融砚石的形态体貌、雕刻题材于一体。人物、山水、花鸟、器物，各有动静，各具形式，题材不同，性状不一。好的砚池，图饰、雕刻、池堂、线面不会各行其是，而是相生相合，浑融其间。

其二，好的砚池自然。

好的砚池不生搬硬套，不是因需要而强开，而是于自然平和中形成，生出。

其三，好的砚池盛得下天地云霓。

制砚的开池，有月样、云朵、桃形、井田等。有的池，看着挖得深，开得也大，可是容不了什么；有的砚池，轻松，随性，妙手开出，神韵俱来，可以盛得下天地云霓，于方寸之间见气象万千。

初学开池，比如砚池的线，有直线，有弧线，直线要直而不滞、不死。弧线要弧而不僵、不硬，要求圆弧有度，过渡自然。行到一定层面，砚池的深一点浅一点，起落开合，一径变化，开的是什么呢？开的是砚家的感受、灵性、涵养、澄怀。那池，看着其实不一定多大，也一定不在多深。

池是砚的要素之一。池之于砚显然不是一个孤立的存在。

做砚，好的砚池总是好；而不好，总有这样或那样的不好。比如，池开得大了。池是砚的组成部分，是形成砚的要素之一。池之于砚，不是越大越好，而是大小恰好。开大了的砚池，一是不知大小而盲目开大；二是有意识地开大，以为大就是好，错把大当好；三是本不想将砚池开大，可是边做边开，就把砚池开大了。

又如，池开错了。池本应开在这一地，却开在了另一地。一方砚，本来开一月形池恰好，可是阴差阳错，开成了环渠式。

再如，池开深了。一方砚的池，大小深浅，关键在有度。池开深了，在本来不该开这么深，由此影响了整方砚的效果。

这方砚，池就应当这样，换一个砚池等同于要一砚的“命”。

刻砚，是否解决了池问题，从此就可以一劳永逸？当然不是。池的问题，是很多学砚人反映在砚上的比较突出的问题。这些问题归根结底是对砚的认知、了解、学习、掌握的问题。

三星堆　俞飞鹏

西周　俞飞鹏

椭圆样绿端门式砚

孔繁湛

砚，对称、端庄。

图饰，在点与线、疏与密中凸显。从一般看，对称式的砚效果在对称。此砚的好，我以为，还在看似对称的手工细活中生出的美感。

六、规格砚、异形砚，做到高层面，都是有意思的妙造

规格砚，看着就想起严谨的数字，想到尺寸，想到太多标准化的约束。左边多长，右边一样，天多宽，地如是。还有那一应规矩的平直厚度。在砚厂，规格砚专指批量生产的，长度、宽度、厚度是固定的，图案、制作标准相近或基本一致的砚。

异形砚不同于规格砚。

它不是长方形砚，线条要讲横平竖直，左右对称，上下相等，长度、宽度、高度都要讲规范。异形砚，我一向喜欢得很，觉得它自由、自在、随心、遂意。当然，其中的关键是随我这等散漫之人的心性。

人工造出的器物类砚、随石形取自然形态制作的砚，从大类上看，都属于异形砚。

做砚，能由着自己心思雕刻的砚家，功夫多经过规格砚的千山磨砺，万水涤荡。好比习字，想下笔能得于心顺于手，先得气沉丹田平心静气，从颜真卿、柳公权，张迁碑、石门颂的一点一画、一撇一捺起步下笔。

比较来看，规格砚严谨、格律；异形砚随意、自由。规格砚，一招一式，如规范的正步走，举手投足是那么回事；异形砚的不同，在行走的若无规律，自然遂意。有的砚家，做起规格砚来轻车熟路，面对异形石却左右为难，找不到路径。所以，规格砚做得好的不一定就能做好异形砚；而异形砚做得好的，多已经过规格砚的磨合、历练。

有一段时间，不喜欢规格砚的我狠狠受了一番规格砚的折磨。都是那形，一方接连一方，不是经由几方砚就作罢，而是一而再面对的都是一类的规格。规格砚，形那样，制式那样，刻几方似乎可以，刻一段也没什么，可是一刻再刻，你能如何，还能怎样。

规格砚、异形砚，做到很高层面，都是有意思的妙造。

异形砚的好与不好，一般或不凡，在意匠、在独具、在别出、在灵性，在砚家特立独行神思飞扬的自由歌唱。异形砚的创作，体现在异，贵在能妙手造异。一样的砚石，相似的品色，表现在砚雕上，题材、手法、样式见异，形态、个性、风貌独出。

创作异形砚，不是一般的艰难。

一是石形与题材结合难。刻砚，尽管题材丰富多样，但是，要让不同题材对应或适宜各异的石形，高手也非轻而易举。

二是题材与砚元素融合难。砚之所以为砚，有它自身特有的规律、语言。做砚，要相符这些规律，融入这些语言。在不一样的砚石中，要结合题材，还要将题材与砚元素融合，这样的融合，实在是极艰难的。

三是雕刻手法相融难。异形砚之异，不仅异在砚石的形态，还见异于自然天成的各类肌理。异形砚之美，美在自然天成，自然成趣。人为雕刻要融入其中，得自然见妙趣，而非破坏自然之美，是异形砚创作的高层面要求。

四是整体合一难。好砚，是人与石、石与砚、砚与艺的多元融合。好砚，见砚家的思想、灵性、识见、文心。好的异形砚，形色、状态是天成的，也是砚雕家的。好砚，增之一分觉长，减之一分觉短。好砚的好是整体合一的好。这样的好，说说易，做到确实不易。

七、牵引，时常出没在相石那会

刻砚，最初时候，也就是敲着打着，下力把砚石雕刻成砚。

忽然一日，看到砚石上的一抹丽色，这色黄澄而不鲜亮，朦胧中略显迷离，于是，心开始活络，想着如何用这色泽，或巧或俏，形成什么刻出点什

端溪绿石 松风（背刻） 俞飞鹏

鼓

林庆华

面一石，我们常常会流连在雕与刻、
凸与凹、石与砚中。

鼓，凸出的古风，锦绣，璀璨，是
满满盈盈的汉韵唐风。

面一石，不一样的情怀历练，别来
的凸凹雕刻，寻思一下涓滴推展，
天地便如斯不同。

么。于是，坐在工作台前思想，将砚石洗洗抹去水迹，看了又看，洗了又洗。于是，下班路上、吃饭的间隙，乃至坐在电脑前敲打文字的某个空当儿，那抹颜色隐隐浮出晃来荡去，似泥丸在晨光中忽闪飘动，又像一条细细的鱼儿，随清波游摆。

于是，刻砚不再是刻，有了“牵引”。

歙石的金星，牵引你的常常是雨。有的金星斜来，如秋风吹拂下的雨。有的三三两两，只是稀疏的冷雨。有的连绵、细密，敲在老屋的黑瓦上，唠唠叨叨，然后汇成细流，再顺着屋檐流下，凝落在青黑色的砚石里，如带着微寒的江南早春。

端石的石眼，多不大。面那砚石，观那石眼，会牵引出什么呢？是龙。端石的眼，金黄、亮灿、神凝。那眼，活脱脱就是龙的眼睛；那龙，由云里腾挪，翻转，有时龙身翻出，有时龙爪乍现。最了不得的当是依那石眼巧作而成的龙睛，由云层里忽然亮出，射出神秘威严又炫目无比的光芒。

看过那么多古龙砚、新龙砚，再看这般石眼的端砚，于是不再奇怪。端砚的龙为何能高人一筹？

苴却石的绿，玉洁、冰清、鲜明、亮丽。有人说，苴却石的石眼最代表苴却砚，可我觉得，绿，最是苴却。

苴却石的绿有浓深的，像盛夏的绿荫，又如溪涧旁布满岩壁的绿苔。浅绿，有的很浅，浅得像一触即起的晨雾，又如天际一抹清澈的云。苴却石的绿牵出的是什么呢？是当代丽人。这丽人在明媚的日光下走来，在撩人的春风里漫步，如醉人的诗篇。她像时代的聚焦，在光照中，让你于惊艳中惊讶，在惊呼中惊叹。

牵引，时常出没在相石那会，好的砚石，牵引你的不全是品色，有时，还会是形，是一牙儿残缺，是一脉突兀，是斧劈般的一径直线。顺由这牵引，或带出多年前的一首老歌、老巷里青石板上的神怪画面、苍老得掉渣的古城门；或浮出孩提时行走过的某个院落，那里，有古老的带方格的雕窗，刻画了神仙瑞兽的雕梁。

曾经，收到婺源寄来的歙石。这石，形已切割磨好，石面上无金星、水浪，有的只是一条复一条的长眉纹。眉纹，在砚石上呈横式排列，像江南雾天的迷离，像清溪岸畔的隐约，于是，由那眉纹，我牵出了白墙黑瓦、翘角飞檐、小桥流水、老树人家，我想在雾的迷离里牵出江南的水牛，让一牛呈抬头状，另一牛在低头嬉水。还想，以眉纹为溪畔，刻雨篷一叶，船头，刻一布衣古人，静静坐那，向一轮皓月，任思绪流淌。

砚石，尽管也有那木讷的形、茫然的色，尽管有的砚石让你晃过一眼不忍再看，尽管砚石的牵引，有时带你入水，进荒漠，登高山，便下不来了，有时顺那砚石，让你如入云山、如坠雾里，有时翻来覆去看着画面一径浮出顺了那石，与砚相距却已十万八千里，可是，刻砚要融入砚石，要让情怀、意象在砚石里如鱼之游嬉碧水，如何能离得了这石那石莫名的牵引。

八、好设计，有如好剧本

设计是刻砚的前梦。

面砚石那会，那些惯于的线条、形态、构成、样式，存储于心田的梦幻美好，不时会跳跃着忽闪呈现。

那方明代的朱砂红荷鱼砚，做砚的那人，想来一定是个有梦之人。不然，如何会在澄泥的翻合中围裹出荷叶，在荷叶的叠让中将一尾锦鲤烘托得那么耐人寻味，妙不可言。

技术性地看，施一计于砚，无非取来砚石，洗涤观察，细对砚石把看，看前后左右向背底里、石品质色、纹痕凹凸。再，于边看边想中依砚就石，开始无中生有的设计打稿。

打稿，可以找来素纸，蒙于砚面，细微凹凸出砚石形状，然后以铅笔勾

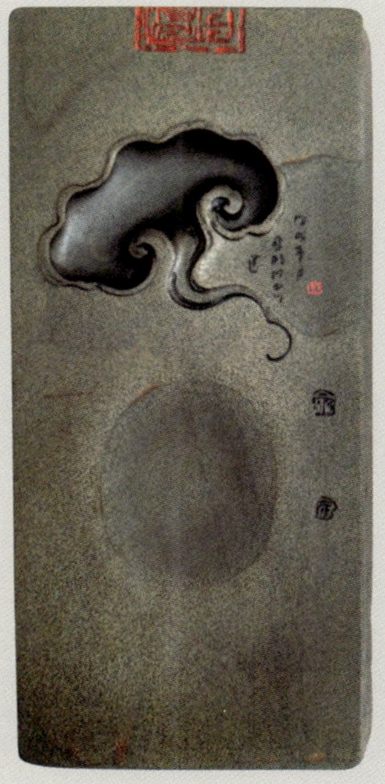

芝　俞飞鹏

铜雀台　俞飞鹏

形，淡写图形其中，复用钢笔或毛笔，勾画固定。也可以就那砚石，用毛笔直接开画；还可以用那尖细刻刀，在砚石上写刻出物象，比如松梧、梅竹。

面砚石的怦然心动，如张生梦里初会莺莺。

那情状，也非所有砚石。有的砚石，看看，再看看，还是那样，你是你，它是它。有的，看了还不如不看。

晃眼一下，石上津渡、屋舍、山形跃跃浮出，此是否为好砚石呢？曾经，我以为是。制砚经历多了，知道遇见这样的砚石，恰要注意的是借那凸凹纹痕以为什么雕刻什么，走到哪儿便凿刻到哪儿，这样的刻，往往不久便至无法。

石有石的清高、狡诈、诡异、怪妙。

有的石，一见，你便与其对上眼了，有的，却不。

面砚石设一计，那计，思路自当明晰，构成理应明确，表述该要清楚。除此之外，设计还应当透着你的神来之笔，洋溢别出妙巧。那设计浑如开天鬼斧，又如砚石生孕，而非一如故往，陈陈相因。

面砚石而相，无非性状、肌理、形色、品地。不离一石的正、侧、向、背。其中不同，在面一石的要什么，相看什么，在刹那的神来意象，所重所取，抑或放下。

面一石设计，苦恼，常常在无有所画。

终于背熟了松月，画得来云龙，呼得来想要的春风，唤得那清幽夏雨，可是设计就是这么描画？这样画，便是所谓的设计吗？

歙石上的金星飘忽清澂。看那砚石，画什么似乎总有，不过，砚终究是砚，池堂线面一开，如何留得住那金星，砚还能呼之即出？

设计要有感而发，感觉之于设计，最无从捉摸，也最没法倚靠。

面砚石的刹那，总有那池堂线面、蕉荷人物忽而闪跃，这是设计的轻车熟路，亦是设计的已然可怕。

刻砚，若是这里想雕一人就雕人，那里刻一飞凤就刻凤，飞凤下面想刻几只鸵鸟就刻上几只，如此想一出是一出的刻砚，再好的材质给你，也只能造次。

好设计有如好剧本。

好剧本，自不是搬来一幅人家画作搁于砚石，照着雕便是。一来画是画，砚是砚，一码归一码。二来人家的画作是人家的状物、情形、思想、态度，你搬弄得再好，复制的也不过是皮色而已。

好剧本，不在砚石上生有稀珍眉子、鸲鹆眼、鱼脑冻、金田黄。

好剧本，是制砚一点一滴的日积月累，是历练功夫技艺加上对制砚的认知掌控，再有幸于面一石的某一时辰的偶然生出。

设计，初，多要相那砚石。

砚石或诡异，或轻狂，或张扬，或啸傲，或一脸不屑。一块块砚石，如考官考问你，又如一个个斗士，横刀立马在那，看你有何能耐，能够怎样。

制砚的会雕刻，开一池堂，雕一云松，刻一蕉叶，都可谓会。

制砚，可以会刻，精于砚刻，亦可以一时不熟悉设计的春花秋月。而设计的前提是能雕，会刻，辨识得砚石的色泽脉络、层理质性，熟悉雕刻的深入浅出，根须底里。设计，毕竟设的是怎么雕，雕什么，考虑具体的高低凹凸，虚实强弱。它缘起于识石，是识石的比兴，生发，面一石的雕刻谋划。

好设计源于懂石，知砚，善刻砚。

面一石设计，若不理会雕刻，便如何因那砚石，随材料质性？如何考虑雕刻深凹浅出，琢磨凿制？知道哪里该一笔带过，哪地当汇聚精神，浓墨重彩？

不理会雕刻的设计，如何掌握刻砚具体的手法表现，凹凸层面？即便这样的设计画稿清晰，勾描了虚实相间的松梧梅竹、流水人家，一旦用于制，刻起来多半云山雾罩，不置可否，甚至横竖不是，刻雕无法。

自在 张学军

砚于缭绕中生出。

实与虚，有与无，池、堂，画面，

一一在，又似乎不尽于在。

设计，看着是画画，其实不是。

设计，如何这一石画荷叶，于那一石是其他？ 设计，是因为你的一再能画？ 是可以这砚石画成这样，那砚石那样画吗？

设计，拿起笔又放下。

设计，是的，随便对待一石，随便勾画一松，这砚便是刻有松树的砚；面一石，设计一古典人物，那砚便是雕有人物的砚。可是，那石就只能刻松？那砚料真的就适合刻人物吗？

设计，依循砚的质性、意象，那里边的线条、长短、曲直、虚实、线面、强弱，无论山形人物、花鸟龙凤，关乎世用，牵系审美，关乎一砚的精神、文野、高下、格调。

砚在哪儿？ 高明的砚家说在石里。

每一砚石，刻什么题材，出来什么样式，应当说，都有它契合的特定。

面砚石，你想雕什么，不过是你的想法。东指一下雕一云龙，西指一下刻一松竹，虽说都有指向，但也仅是含糊不清的设想。

面砚石，找到藏于其中的砚，凹凸它的虚实强弱、池堂向背，乃至精魂。这才是设计。

设计的特异，陈端友值得一说。

陈端友出手怪，简直是别人骑马他骑牛。可是，他砚的题材又都是不怪的，取的多是日常所见身边之事物。

面一石，他先有一大概的设想。画，有的地方，他只是描个轮廓，甚至可能就画个只有自己能看明白的标记。

他设计砚，不会画得太具体，一是他的砚都繁复，繁复中还有太多的深入浅出，这些，没办法一一画出。二是都画出了，反而会限制接下来的雕刻。

他的设计，一应的具体细节，是在雕刻过程中的刻刻走走中生出，成形，变化，清晰，是边刻边想的设计。这样的设计，于别人未必适合，于他却可能最是对味的。

一方砚，在他，雕刻的过程便是设计的过程。而雕刻的完成，亦是他设计的结束。

一般的砚之所以一般缘于设计的一般。

一般的设计，图饰是图饰，池堂是池堂，池堂与图饰各据一方，互不往来，各行其是。龙，一样的云龙夺宝、双龙戏珠；凤，一样的丹凤朝阳、凤戏牡丹。别人用小石眼设计龙眼，你一样，别人用龙爪抓石眼，你也是。

能刻出好砚，不一定能设计出好砚。

设计的高手，做砚，无疑是行家里手。

设计不出好砚，说明制砚的层面还泊于一般。刻砚不好，面一砚不知如何下刀，自是难以设计出来，画出异彩。

一流好砚，支撑它的一定是一流砚家的设计。

令人心动的砚石多是灵魂特异的精怪。越有个性的砚石，你和它越不易找到对话的路径。

好的设计，如兵家奇谲诡异计高一筹之谋略。

好砚是设计出来的，更高层面的设计是怎样的？是见不到设计纹痕的设计。这样的设计，一应物象，如石之所生，所孕，本来。看着如行云、流泉，自性、自由、自然、自在。

九、制砚，入砚方式与雕刻处理

入砚方式，砚作者面砚石会各有方向，各有侧重。有的注重瞬间感觉，有的围绕石品，有的习惯将砚的池、堂、边放在一面，将图饰雕刻置放在另一面。

以大类看，入砚方式有三。

菊月，荷风

胡杨

这是一方仿刻作品。

我赞同砚手在刻砚的某一阶段能随古砚而试着择一石，走走刀。作者仿出了器性，刻出了滋味、澄静。

一是一面分做式。

一面分做式方式便捷。一面分做，大意是在砚石的一面上，将砚的池、堂与图案分列做出。可以面砚石，先画出砚的池、堂、边，然后画图案，也可以先画图案，再考虑池、堂。图案放在左面，砚的池、堂可以居右，图案在上，砚的池、堂可以在下。

这一入砚方式简便易学，适用于很多种类的砚石，易于快捷入砚，还有砚池、砚堂相对固定，图案可以随时更换，松树可以换成竹子，竹子可以换成兰草，而且想换就换。

二是两面雕式。

此方式在古砚雕刻中偶有见到。

两面雕式，以砚石一面开出砚池、砚堂；将另一面刻成寓意图饰，用来雕花镂草，刻人、物。

一砚，正反两做，可以一面放开约束，刻出想象、创意，同时保留石品石色；用另一面开出池、堂、边线。如此，开刻的一面，刻什么可以天马行空，另外，砚的池、堂、边线能一一俱有。

三是一体融合式。

一体融合式，融石、砚、题材雕刻。

此方式重在兼顾。比如图案融于砚，石是石，砚是砚，图案是图案，图案和砚，如何能融合？不仅仅是合于一石形，一砚面。色彩，石品，砚料的厚薄、形态、质地、凹凸等，都要通盘考虑。

融，见制砚的层面，体现一砚的高度。

制砚，深雕有深雕的优点，薄意有薄意的长处。采用何样手法表现、融合，要视砚石、题材、构筑、雕琢等诸多情况综合考虑。

一方砚好不好，要看雕刻，看花在砚里的具体工夫，要讲雕刻功力，不过，仅讲这工夫那功力，还不够，要刻好砚，有一方面不得不讲，就是雕刻处理。

雕刻处理表现在哪些方面?

比如，一方砚凹凸上的高低。

刻砚的艺术是凹凸的艺术，有凹凸必然就有高低。高低，在该高的地方高，在该低的地方低。何处高，何处低? 高，高多少，低，低到何种程度?

又如强弱。

很多砚的画面有如打架。你不让我，我不理你，你靠着我，我纠缠着你，这样的刻砚是不知强弱的刻砚，如此刻砚，即便下刀干净，工时耗去不少，刀下也见功夫，但是砚的效果未必好。

再如虚实。

虚实，在知道何为虚，何为实，在实能实得进去，虚能虚得出来。一方都实的砚，刻不好不说，刻来刻去，很有可能都无法实。刻砚，下刀扎实，体现的是实力，能虚得好，看的是智慧。

复如巧色、俏色。

巧色，是一种巧用料石之色进行雕刻的形式。俏色，是一种俏用砚石色彩，通过剔除多余色泽而俏刻的手法。

砚石之色，随料石自然生成，有的薄如纸片，有的稍纵即逝。砚石出现的色，有的堪称稀珍，有的令人叫绝。它令制砚者惊艳、惊呼，也给刻砚的因材，随石，巧俏，施艺生发许多挑战。

刻砚，色的运用，在精到而非花哨，在妙巧而非浮艳，在点到为止，恰如其分。而如何巧、俏，是偏于巧还是着重俏，其中关键在雕刻的处理。

雕刻处理，有的行在具体雕刻之前，比如打大形，出大概那时。有的表现在具体雕刻之中，比如巧色与俏色的这样刻或刻成那样，之中蕴含处理的妙巧。

雕刻，指的是具体的雕与刻，处理，突出在怎么刻，能刻得如何。一方砚的深雕、浅刻、薄意、镂空，时而精细入微时而一笔带过，这之中的高低、文野，火候把握，尽在雕刻的讲处理，知处理，巧运用，妙拿捏。

十、换个角度看，刻砚的快，许是力所不及所致

制砚，要坚持做；做，始终如一。

制砚，要讲量。而量的积累是日后做砚功夫能否上乘，技艺是否精湛的一个重要方面。

制砚，池、堂、起线，铲铲雕雕，说快也快。

快，对职业砚手而言，是熟练、功夫，体现的是实力。

慢，也不一定都是制砚生疏，砚石质性的复杂程度，刀具的锋利、木钝，电动工具的层级档次，等等，亦会影响制砚进度。还有，制砚步入一定阶段，比如烂熟之后的入生，创作性质的边刻边想，等等，也会影响分化制砚的速度，所以，慢，要看如何慢。

从速度看，20世纪80年代，龙尾砚厂砚工做砚，五寸素式，打雕加铲刻，打磨，半天可以出来一方。八寸大小的雕砚，全手工，按图雕刻打磨，一个月出来二十方左右很正常。

制砚的快。早年，在龙尾砚厂，见过一个罗纹砚的熟手，他刻罗纹砚，池、堂，概不用打刀打刻，铲铲就出来一砚。我站在边上看他做砚，小半天工夫，他已随便铲刻二十多方小素砚。

当年做砚，全手工，现在做砚，机器可以助力，自是现在更快了。还有，当年龙尾砚厂做砚，池、堂、边，图案雕刻打磨，一概有严格的检验标准，如果放低标准，模糊要求，做好做差都能通过，那么当年那些熟练的职业砚手，出砚速度应当更快。

1991年，到攀枝花，其时苴却砚厂制砚，砚工刻得多，收入就多。苴却砚，一个熟练砚手一天制砚多少呢？ 八寸椭圆形龙砚，有的可以一天出

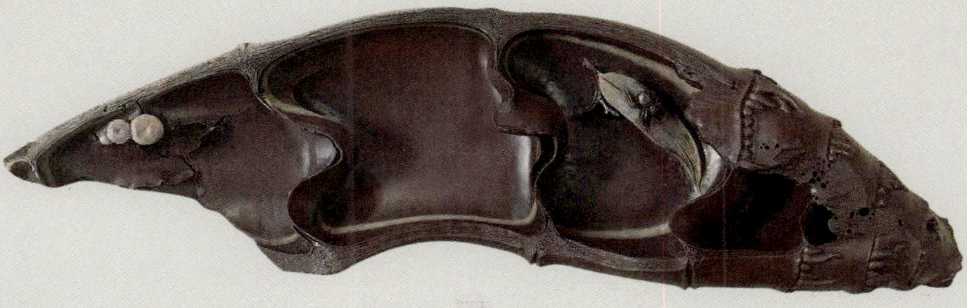

竹趣 胡杨

略一看，此砚的形并不似竹。

作品依石形、凸凹入砚，随石用色，俯拾生发。于点线的变化、律动中见不俗。

两方。数年后，还听说过一地，八寸雕砚，一天可出五方到十方，更快的，十寸龙砚，一天竟然出得来五方。

刻砚，肯定有快慢。

刻砚的快慢，怎么看？一般说，快，说明制砚人思路清晰，认识到位，手法熟练。一块砚石在手，该做什么不做什么，什么地方该用什么刻刀，是打、铲，还是刻、切，一应了然于胸。慢在哪呢？该用打刀打的，打两下就可以出效果的，有的可能过铲。可以几刀打到位的，打来打去打不到位，不该早早打平的，却要一刀比着一刀去下力打平，如此，焉能不慢？

雕龙刻凤，刻松制梅，上手就雕，刻个大概就算，一年年就这样刻，此自是熟练后的快。要是就着一题材，深入细理，因材施艺，有思想、讲究、变化地刻，形式、手法、构筑等，刻出他砚所不能、所不至、所无有，如此，就不是快或不快的问题了。

换个角度看，刻砚的快许是力所不及所致。

比如刻一竹节，你刻的，可能也就刻一点裂纹，刻几片竹叶，雕个把小虫而已，给时间让你再刻，复刻，你可能使出浑身解数也无法继续刻。而可以一刻再刻的陈端友，则可以就着一段竹节，让竹节是砚，让砚又是竹节。可以正面雕了侧面，侧面雕了反面，竹节砚的角角落落，他都能刻出东西，雕出味道。这是刀下有东西有实力，见功夫具表现力的刻。

刻砚，快或者慢，要看刻的什么，内容如何，蕴含怎样。

比如刻一树干，粗放地刻，一溜平滑线条一拉到底，这样大概的刻当然是快。而有内容的刻呢？树干上有阴阳向背凹凸变化，有树结树洞虚实突兀错落其中，往深里刻，还要讲松树的精神、境界。如此，慢也未必雕刻得出，如何快？

快慢之于学砚，快不一定好，慢有慢的好。

一刀刀，稳步推进，虽然进度、速度慢一点，但是学刻的东西，学一点是一点，学得扎实，记得牢靠。图快省力，不管功夫、刀路，东偷一点工西减一点料，该用手工走刀的，用电动工具扫过，表面看，速度是上去了，可是于技艺能力提升几无好处。

十一、刻砚，铲刻与因材

刻砚，善用打刀的，砚堂、砚池、砚边、图案、线条凹凸等，不用多久便打出了大约。爱用刻刀的，怎么刻，在心里已然一想再想，打刀打过后，更多念想的是接下来如何下刀刻做。而铲，夹在打刻与雕刻之间，充其量是一过渡。铲来铲去，体现不出优势，也看不到妙巧。

铲，面上看，无非是将需要铲平的地方铲平，在需要圆弧的地方圆弧。

刻砚过程中，铲，时是不得不铲，时则是可铲可不铲，能不用铲则不铲。很多砚人之所以想跳过用铲，直奔雕刻，一是铲实在没有打刻那样痛快，带劲；二是铲见不到精雕细刻那般出彩。

看一砚好，人们多会说刻得好，不会说铲得好，尽管铲其实就是刻。

铲，不像打刀那般铿锵，雷厉，威风八面，也不如刻刀那样带着机锋，扑闪着妙味。可是高一点，低一点，水样熨平，山样灵动，就在那铲。

刻砚的铲，有直接用于雕刻的刻铲，有端砚砚手习惯使用的掌用推铲，还有歙砚雕刻常见的靠铲。我用铲刀，用得多的是由婺源带来的一把平圆形靠铲。这把铲刀，一头有套筒，一头是刀口，使用时可以套上木把儿，靠肩部推力下铲，也可以取下木把儿，如执刻刀一般，拿刀在手铲刻。

歙砚的靠铲，形状有半月形、平口形、平圆形等。使用靠铲时，一手握刀，一手把铲，刀倾斜向下，刀头面向砚石，另一头则靠在肩部，铲动时，主要以肩部推力。熟练的铲工，下刀顺畅时，但见铲刀过去，那会儿的石，一层层豁豁翻开，状如木工刨木时刨开的木花。

铲，从初级阶段看是铲平、铲凹、铲凸，将边边角角或底部不干净的刀痕去除，往高看，不仅仅如此。

刻砚，铲功不够好的刻砚，刻功好不到哪里去。好砚，尽管有这好那好，可是其中重要的好，亦在那非雕花非镂草的看似寻常的铲功。

因材，看着顺了那石那色，那品那质，砚却不知去了哪里。

因材，有时得意在一颗金星，时而兴起于一抹雪红。有时，面一砚石，不知如何去因，该怎么因，于是，上手了又放下，放下后又上手，如此，日复一日年复一年。

不是刻砚都要因那石品巧那石色，也非因材施艺了，砚就对了，上档次了，是好砚了。因材施艺，最要看的是做那砚的如何因那材，施那艺。

端石宋坑　醉石图（背刻）　俞飞鹏

端石坑仔　素池砚（背刻）　俞飞鹏

刻砚的因材，理论上，很多人知道。具体到一砚，情形则各有异。有的砚，巧色用品，似乎因了砚材施了那艺，可是不那样因材许会更好；有些砚，就因为觉得必须要因那材，就此被雕刻得满目疮痍、面目全非。人困在其中，搞得灰头土脸，不能自拔。

制砚，真要因材，先得识材、知材、懂材、爱材。

因材，有刻的因、设计的因、砚的因、石的因。因材，不是有石品、石色就因，没有就不因。材是怎样的材，像什么，是什么，还得看个人的制砚功力，功力不至，不一定能随材做出什么，施出那艺。

因材，还得懂砚，不然，材上一百形形色色。怎么因，如何因呢？

因材，端石形成的工艺特色，许是端石的因，歙石雕刻突出什么、强调什么是歙石的因。

因材，翻来覆去反反复复，似乎，大家都习于这样因，乐于因成这样。砚石有一豆绿石眼，你巧用为龙眼睛，我也是；砚石有一小块绿色，你巧为一荷叶，我也一样。

因材，材是一前置。因材，不是想做什么就做，而是材适合做什么。因材，意味着得顺材、随材，而不要一意孤行地随便左右材。

因材，时是雕刻下刀的因，深雕浅刻的因；时是随材的因，那石就该那样刻，刻该刻的题材，做该做的砚。

因材，很多时候，人被材牵着赶着一会儿上天，一会儿入地，时而进入荒原，时而花红柳绿，热闹非常。

因材，因来因去，不过是人与石材的和合如一。而一应的和合，如何，怎样？ 在砚手制砚的文野、喜好、取舍，乃至风度。

澄 俞飞鹏

十二、内容是一砚的心，让你魂牵梦萦不能自已

内容是砚里的，也是砚外的，但首先是砚里的。

有一砚，刻的是花生，一堆大小差不多的花生在那儿，中间辟有一地，开了砚堂，挖了砚池。

整方砚，花生满满都是，刻，花工夫了吗？ 花了。花生刻得像吗？ 不能说不像。可是，这样的砚，看看，再看看，怎么也不想看了。为何不想看呢？ 因为它有的仅是堆砌，没内容。

再有一砚，刻的是小动物。

刻小动物，可以刻得机灵、可爱，这砚另有套路，全砚看起来一径雄浑，像高音喇叭发出强音。

这砚，刻，用了自然肌理，有凹凸，有细节。你说没内容，题材、雕刻、用材、布列，有东西在里边，可是要说有，却无言以对。此应是内容、方向错位的一砚。

内容，时在刀下流淌出韵味，时是一线的刚毅或缥缈；时在平刀的忽然切入，时是大圆刀行走中间入的其他。

内容也可以是一片秋叶，刻出了一点点荣枯，带着一点点倦意。有时，内容就是一线，直直的，做在那儿，看得人目瞪口呆。有时，内容尽在一池，说深不深，说浅不浅，但是蕴意无尽。

顾二娘的《洞天一品》，形略方，刻，只是随形在砚额处洞开一池，池见方蕴圆，池边围刻夔龙纹。略一看，见方的池不过一池而已，再看，复看，那池颇像吴门一带傍水而设的轩窗。砚中洞开的感觉，许是顾二娘手执刻刀心向砚石的灵性一动，许还是那时那刻心扉的瞬间顿开。

读古砚中的蝉形，从面上看，蝉形砚刻了什么呢？蝉眼没有，蝉身没有，蝉翼没有，具体下刀雕刻的图饰没有，太不具体的蝉形砚，空得几无内容。从内里看，蝉形砚去掉了蝉的具体，刻出的是虚静、空寂、不尽，以及似有若无的禅意。这是蝉形砚凝于砚里，流溢砚外的蕴意。

没内容，有砚等于没砚。

内容是一砚的心，让你魂牵梦萦不能自已。

有的人，砚里刻了很多，可是那砚没内容，有的砚，砚里看着没什么，可是内容分明在那儿，且从砚里流溢到了砚外。

内容，在砚里，可能在某一处、某一角、某一点，抑或在没刻出的地方。

刻砚，刻山刻水，雕人作物，雕的什么呢？山水就是山水，人物仅是人物吗？理当不是。

一方砚，有没有内容，有怎样的内容，尽在制砚人。

有的砚如茶，有的砚如水，有的砚如酒。有的砚，看过就过去了；有的砚，看了，从此驻入了心里。

十三、好砚，不会一如地唱着古老歌谣

石色，没有时想要，多了，上手也烫。

石色的美，不唯在鲜亮、明丽，不仅在纷呈、丰富，还在对比产生的浓淡相宜。

制砚，一味铺展石色，彰显丽色，遮隐的许是砚雕语汇的贫瘠、空泛。

好的制砚，色不在炫目、缭乱，而是恰好的点到。

制砚，知俏色、巧色，不过是知。

高手用色，不是面一色的一味巧俏，而在知凸能凸，能隐则隐，想放能放，得敛能敛。

砚石风化的表面皮层、凹凸肌理，有一段，留，颇为风行。

制砚，其实不都要留石皮，用肌理。更非留着石皮、肌理，制砚就能高人一筹。

砚石的石皮、肌理，不过是表层的皮石而已。很多砚上留有的石皮、肌理，有如好看的一张脸上凭空生出疤痕，要多难受有多难受。

制砚，要慎对肌理、皮色。石皮、肌理的留或者用，关键在于知道什么样的该留，留在什么地方，能好在哪儿。

一叶芭蕉，平铺到砚上是刻，将一叶芭蕉撕开并做些翻卷，也是刻，在撕开、翻卷的蕉叶上刻几个虫眼，还是刻。

平铺，刻起来多半平平。撕开、翻卷，怎么撕，在哪儿撕？卷，如何卷？而小虫眼，一片蕉叶上，刻一个虫眼还是刻两三个？虫眼刻多大为好？刻好了，砚上可见别样洞天，刻不好，则可能弄巧成拙。

石图 胡杨

喜欢作品流溢的古风。

制砚，心会纠结于粗细、疏密，会迷失自己。此作，竹、石等一应俏刻。刻，不仅见工、见实，还能见作者的绵心静气

当然，刻一片蕉叶，不一定都要翻卷，都得开出虫眼。刻蕉叶，可以写实地雕、工笔地刻，可以形意，亦可以泼墨。

蕉叶，刻，有时也妙在平，多时却在细节的精彩。

宋人论砚，看得出，用，摆在第一位。

从制砚看，元人制砚，总体稀疏而粗犷。砚行到元朝，砚风已然转弯。细想元人论及的制砚，即便是当下，我们在砚石上特意辟出一块研墨之地，其他地方，就能毫无顾忌地雕它个满吗?

早年，年少轻狂，做砚，拿起刻刀一径刻去，以为如画家作画时的一鼓作气，一气呵成便是好。及后，知道审视自己的砚了，回头再看那些以为好的砚，其实没那么好。

做砚，痛快在做的过程，能顺风顺水一气呵成。不快，在哪儿呢?

构思，我常说要顺石。

顺石，要求入砚题材、构思布列与砚石做到通达、顺畅、相融、如一。

做砚，免不了要开砚堂，打砚池，一开一打，本色将失去不少。如何留住本色，这是一大难题。做砚，尽可能少动，慎动天成的石形。石形一旦变动不好，原来的浑朴味道或将一去不复返。

制砚，很多人已习于将砚石切割得平直、整齐，打磨得溜圆、光亮，然后人为地往上面雕龙描凤，刻山作水。所以，在习见的砚上，我们看见了一而再，再而三的横平竖直，滑溜光亮，让很多人以为砚就是这样，就应是这样。

制砚，有意思的见灵性的下刀，在随石的点滴潜入，润石无声。刻砚，一雕一琢，总是往砚石里添加，随石，在下刀的万千加入，看起来要不见人为，有如天成。

改砚，你想要的，早已没了;你不要的，都还在那儿。

改砚，顺着改，可是，手在顺，心多半不顺。心不顺，刀下岂能畅顺?

改砚，不好办的地方在去掉的砚料补不回来;改砚，下刀是一去之再去。

但是改，实不仅在勇。

改砚，可以改不好为好，也可能将好的改造为不好。改砚，将刻得不好的某一局部进行修正，不难。而要将一方刻得周到、平稳的砚，改得奇峰凸起风生水起，确乎不易。

改砚，知道问题出在四平八稳，方方好、处处圆，体现的是层面。越过四平八稳，方方好、处处圆，依靠的已非工技。

好砚，刻，不泊于一般的巧色用品。

好的刻砚见得到线，一般的砚，还不知道用线；好的刻砚有构筑，普通的砚只做到了有构图；好的刻砚不拘成法，自成风格，风貌独具，一般的砚仅是在过去的成法里转悠，还没自己的面目。

好砚，不会一如地唱着古老歌谣，陶醉于古人天地，沾沾自喜地重复着100年前甚至800年前的砚样。

好砚，有自己的风格、个性、符号、色彩；好砚，刻的是理念、思想；好砚，不拘泥于好石品、老坑料；好砚，脱去了一般人津津乐道的砚石话题，直奔刻砚本身。

好砚，砚里砚外弥一脉斯文。

斯文的砚，器质静也，文也，温良也。

斯文的砚不在大，想也不需要多大。那砚，合于雕窗、几案，宜于线装书旁。斯文的砚，刻不在多，恰如就好。题材，不一定重大，砚上可以是一两片蕉叶，三五笔兰花，甚至一松枝。斯文的砚，自有荡漾着文思古意的池、堂、边，大小有度，深浅恰好，开合自然。

十四、砚上可以铭字，也可一字不铭

砚刻好后，可以刻字留铭。

明顾从义临摹刻石鼓文砚

清徐世昌兽面纹歙砚

铭字，有人爱将文字刻在砚面，有人则习于铭在砚背。古砚铭字在砚侧的也不在少数。

砚上铭字，可以一刀一笔，刀刀不空地刻，亦可以通过数刀刻出一笔。

早年见过一人，砚上铭字，爱用尖细刻刀，专仿唐人楷体，一点一画，刻得工精、认真、细劲、干净。

有老砚家，在我还不太在意砚铭的当年，字已刻得很出色了。不时，他会和我聊到蝇头小楷。小楷，一个个小如蝇头，下刀刻一字都不易，他能整篇精刻。

砚上铭字，可以铭，也可一字不铭。可以自己作铭，还可以留空间让藏家自己定夺刻什么，找谁刻，是否刻那砚铭。

近代藏砚大家，清光绪九年（1883）秀才沈石友，一生就爱藏砚，每每有闲，尤爱给到手的藏砚取砚名，作铭文。比如他藏的端石蕉白砚，砚铭为："含英咀华，其神奕奕。圭璧重之，可以十五城易，股掌玩之，堪疗米颠之癖。"一方有残损的砚，他收藏后，取名"学易砚"，不仅自铭"人所残遇我则全"，还请吴昌硕、赵石作了砚铭。

砚贵有铭，不乏迷误。

砚是否贵在有铭？要看。

刻不好字的，其实不便在砚上刻铭。字刻不好，想着砚贵有铭，还要硬往砚上铭刻，可能南辕北辙，事与愿违。砚上铭字，讲心境感觉，没感觉时，切不可因为砚贵有铭而执意铭字，因为那时，刀最有可能下得木讷，字最容易刻得拘泥。铭字，行文要讲文理，若是文理不畅，意思不达，还要东拼西凑地刻字作铭，铭如何生贵，贵由何得来？

砚贵有铭，古砚也好今砚也罢，其一，要看是谁的题铭。其二，要看文心意趣如何。其三，要看文字铭刻得怎样。有些砚，石出名坑，雕刻得不错，坏就坏在铭字上。因为字不好，还因为执意刻上名号俗称，题上文理不通诸字，砚不仅不能因铭生贵，相反会因铭生伤。

有砚的爱家，看中一砚，付款后，请砚手铭字，字铭刻出来，人家却不想拿走了，因为砚上那字铭刻得实在难受。

那么有没有因铭生贵的呢？有，比如清代大学士纪晓岚的砚。

纪晓岚藏有一砚。琴式，竖状，形修长，砚背右部作铭：空山鼓琴，沉思忽往。含毫邈然，作如是想。左部铭：嘉庆辛酉十月，晓岚铭，时年七十有八。

空山，是南山还是西山？不得而知。此时的纪晓岚七十有八了，身边，想不会有太多政务要去处理，他可能正在蕉窗下对着天光赏砚，许，就在把看这方琴式制砚。忽而，远远地飘来琴音，这琴音由空寂的山里传出，袅袅然，飘忽而至，一下勾起了纪晓岚的雅兴。于是，他沉思，遐想，忽往欲行去空山，会一会那拨弹丝弦的琴师，想看看是何方高士。

读这样的砚铭，砚是什么样的砚石，是端还是歙，砚上是否有鱼脑冻、蕉叶白，是否金星、水浪、雁湖、对眉，工巧如何，样式怎样，似乎都不重要了，就那么一读，会觉得这砚有千万般的好。这应是砚铭之魔力、魅力。

有的铭字刻在那横竖不是；有的字不是大了、斜了，就是多了、小了；有的砚，看着字铭上了，可是气接不上；有些，字铭得周正、规矩，可是见字而不见气象；有的字铭在砚上，不仅不能为砚锦上添花，反而有如画蛇硬要添上那足。

面一砚，字如何铭，具体铭在哪儿，有讲究。小空间，不一定铭小字；大空间，有的是铭字的地方，可是地方越大，铭起字来更要讲究位置的经营。

好的铭字，铭的是字，但是，能镶入一砚，为砚补益，增色，浑如砚之原本、本来。

我刻砚，铭字喜在握刀有感之时，以刀代笔，冲刀入石，一气呵成。

我刻的砚，大多没能及时铭字。此，当然非我不喜砚铭，更非我清高。自己刻的砚，铭上自己的名字，传之天下四方，我也乐意。我之所以没在砚上刻字作铭，是砚刻好后，我多半要看，不仅要看，有些砚，要往复看，看

岁月　胡杨

刻砚，刀依石石寓砚，砚、石要一体浑融。此说说易，行达却是万难。

作者别开生面地择取砚侧，依凸凹开心相。池、堂、线、面洞开的深浅变化是人为的精心布列，一眼看去却浑然天成。

看就搁在那了。心思多在制砚探索，下在砚铭的心力偏少。越是心喜之砚，越不愿草率刻上砚铭。

许是因为铭字可以让砚添些书卷文气，近些年，砚上铭字已为习俗。不管需要与否，很多砚都铭有文字。

见新砚一方，刻的是罗汉，上铭“世事洞明皆学问，人情练达即文章”。

砚雕刻得不错，字不可谓不好，铭字位置也无不妥帖，可是，如此画面文字，风马牛的一合，砚铭之伤误，亦是显见。

十五、刻砚的高层面，不在一味能刻

刻砚的首要是把砚刻好。

砚是可以研墨，贮水，和水，藏墨的器物。砚，不是溪山流水、仙佛人物、钟鼎古器，不是一轮皓月影映于松石间。

上升到一定层面，砚不仅是器用之物。

砚，要讲造型、比例、构造，要讲构图、意境、整体。砚的构筑形成，不仅局限在平面，更要依据不同质性的砚材，视砚材的不同生发蹊径、巧妙、意匠、文心。入手刻砚，要讲高低深浅、虚实强弱、气象韵味。

一方砚，好与不好，在石，更在砚。好砚，不仅看刻，还要看意蕴、思想、层面、高度，关联砚手的承继、经由、学识、格局。

一方砚的构成，脱离不了形体、线面，亦不仅在线面、形体。一砚的池，深一点，浅一点，大一点，小一点，处在砚的哪个方位，如何开出，形就，是砚的考量，亦不尽是。

刻一方砚，施入什么题材，雕刻用刀怎样，关联到一砚的高下文野，但是题材好、雕刻好，不等于砚就好。好砚是整体好。整体好在雕刻、题材、构成。一方砚，人、石、艺的融合，最终要看是否合于砚。合于砚，才是一流砚手的合，才是好砚之所在。

制砚，在知砚、懂砚。

知，在知道何是好砚，何为正确的砚；懂，是懂得如何去做，怎么做，可以把一砚做好。

制砚的会做，从来不是能雕龙，会描凤。

一方砚，所谓神妙能品，先能，而妙，后神。刻砚，要达到能，知刻砚，懂砚理，能正确地刻一砚。能，在观察要到，认识要到，手头功夫要到。一个对砚无有概念，对形象无有认识，糊涂下刀，刻到哪儿算哪儿的人，刻，何以达能？

看过一方歙砚，约略的方形，砚石带有部分水波纹理。全砚，无池、堂、边线，只在下角刻了一船。

很多砚，刻来刻去，便成了有池，有堂，具边的那样。一方方砚，让人以为砚就是那样，那样便是砚了。如此感觉，当然是个别制砚，很多砚类，出手，制式，多有这种状况。

这样或那样的砚，规格的或异形的，看看也就过了，可是这一砚，看罢留在了记忆里。这一砚，为何让我这个阅砚无数的人“却上心头”，我看好它的什么，欣赏它的什么呢，是它的池、堂、边的几无吗？ 当然不是。

刻砚，由不会到会，由陌生而熟悉，是刻的过程，亦是认识了解砚，学习掌握砚的过程。刻砚的更高层面，当然不在一味能刻，能把一砚的池、堂开得到位精准，那仅是刻砚的基本能力。

大体看来，会刻砚者，因为会，会出于爱刻想刻喜于刻而放不下刻，所以，放得下刻的刻砚，古往今来，可谓凤毛麟角少之又少。因此，很多砚，我们看不到意味深长，看得到的只是刻，有的也是刻，体现的多是具备池、堂、边的刻的能力。

一方砚，如何由一砚的刻得不多，到刻得丰富，再到以少少许胜多多许？ 由刻砚的先可以能，而后能妙，进而能神？ 尽在刻砚的人。

好的刻砚，好在哪儿呢？ 好在一方砚流溢的气息、思想，好在能刻得简省而有意味。简省，省到什么程度呢？ 自然是添一分则觉长，减一分则觉短。意味，要的是蕴意，能予人以不尽之感。

此种砚以极少的笔墨刻出了意味深长。

情为何物　林庆华

此砚依形，依凹凸，依想。在粗与细、凹与凸中，融入雕刻语言，脱去了固有定式，厚重，浑实，立面。其中的语言开合，比对生发，予人印象弥深。

又见一椭圆老端，大不过八寸。上刻行云流水，云清如风，干净、宁静，水走走停停，自由自在。那砚的池、堂自成气象。雕刻，由砚面至砚背，一应地刻，脱去火气、俗气、匠气。

这样的砚，如今总是踪影难觅。夜半醒来，起身坐于西窗旁，想这样的砚，身处浮躁的当下，是否已然无法刻造？

卷四

刻一片蕉叶在砚，想来，刻蕉叶那人大抵得有点素朴文心、诗人器性，具一脉散淡逸气。刻，最好是无事之后的所事。至于入砚蕉叶是否弥有清气、风韵、灵性、书香，尤妙在刻者心田那会儿有闲。

时常觉得，古人临窗独坐，静观天地，思接洪古，其中的不可寻议妙笔神来异妙天开，在用纤毫颠末图画出了锦灿祥云。

从草创到成形，蝉形砚有可能经历过多次变化。蝉形砚可能生发于古老的蟾样，如唐箕、宋抄的有若牵连。还有可能，蝉形砚的生出，缘于某个清夏的蝉鸣、砚家的某次顿悟，这样的悟，似身如菩提树开悟菩提的本无树。

见过顾二娘刻的芭蕉砚。一左一右两片蕉叶，在砚额处浅浅相交，那情状如两个吴门书生在低眉细语。

一、入砚蕉叶，有意思的是刻那翻卷

总是觉得，刻砚，蕉叶是砚里的固有。

刻一片蕉叶，许只是些少一抹，许是三五叠加，许只是蕉叶的一径边角，可是那砚，因有了蕉叶，就此有了清风、月影、庭院、书房以及江南的无边细雨。那砚，不再云一般的无从捉摸，龙一样的闪烁神秘，通透威严。那砚，感觉一下子离人近了，近得令人想丢开其他，卸下劳顿，放下俗务所以。

想一片蕉叶漫开，入砚，在春风又绿的江南溪岸，有水牛斜斜地弯着那角，悠闲地听那笛音，当是何等惬意、逍遥。

刻蕉叶，少不了要面对蕉叶的逆顺。顺，是蕉叶入砚的常态；逆，运用得好则能出奇。刻蕉叶，忌讳的是搁、摆，一片又一片的蕉叶，虽是雕刻在砚上，可是它们不过是被搁置，仅是摆放。蕉叶的梗，正面看是凹的，如清浅小溪的一脉细流，可是翻卷过来一看，梗却是凸起的。刻蕉叶，不撕开刻，总觉得不妥，不好，可是撕开，困恼在如何撕，开在哪儿。若是一砚，刻蕉叶两片，一左起，一右出，于是，接下来要面对的是两片蕉叶的如何交会，之中，若出现交叉，交，当如何交;叉，又怎样能不生硬对?入砚蕉叶，有意思的是刻那翻卷，就那么一翻一卷，蕉叶似就有了徐徐拂来带点冷雨的风度。

提笔画那蕉叶，写，泼，铺，染，能信马由缰自是快意，一片蕉叶，再一片，又一片，可以翻来覆去自由挥洒。而入砚的得意在一片片蕉叶，可以由砚额处铺展，可以由下而上拥掩，还可以由那砚背的八方四面，合围到另一面的砚堂。

蕉叶的性状，在可长可短，在可以一任毫颖的浓淡相宜，也可以由着心田只是漫卷。刻蕉叶，可以平铺，亦可以圆浑;可以齐整，还可以漫散。可是，刻一片蕉叶在砚，横竖又总是不好把控，只是匀平，会觉得单一;刻得跌宕，又嫌造作;下刀雕刻，常常纤细不是，挥写不能;强调装饰，蕉叶会失却风致;照搬真实蕉叶，刻，多半无所适从，不是这里不妥，便是那里不适;携意象蕉叶入砚，常常肥硕不足，细碎有余，刻，不知如何意到，刀便可以不必行到。

清人刻蕉叶，无论正面、反面，从总体看，主以工笔手法为多。见工的一片蕉叶，叶形的流转见线，叶梗要用线，叶脉的向背、翻卷要用线。观清人蕉叶砚，觉得好的叶片，多是刻在砚背，许是砚背更适合铺陈，展开，而砚面，池、堂、边线，处处都是约束。不过，清人刻的蕉叶，也非一味求工，比如吴门那个顾二娘，她刻的蕉叶，工刻中已间有率性的意写。

早年，龙尾砚厂刻蕉叶，或左起砚边，或右出石上，蕉叶或铺或盖，亦正亦反，延续清人线描手法，突出工刻清雅一路。这样的刻，要点在大形凹凸之后，刀要走得到位、干净，线要走得匀细、清晰。

成长于民国时期的海派砚家陈端友，蕉叶入砚，布列一如其他题材，一砚的正面、侧面、砚背，能用蕉叶的一概布列蕉叶。他的蕉叶，不图案，不意写，不点到为止。大到一叶铺陈，小到一叶翻卷，陈端友的蕉叶，实刻，实雕，刀刀见功夫于凸凹的细微。

“团荷方蕉”，说的是刻一砚，荷叶要见团样，蕉叶要取方式。不过，具体到刻砚，常常团样的未必是荷，方样的未必是蕉。

如果说松是砚里的男生，体现的是风度、气象，入砚的蕉叶则如江南女子，有着与生俱来的温婉、迷离。

刻一片蕉叶在砚，想来，刻蕉叶那人大抵得有点素朴文心、诗人器性，具一脉散淡逸气。刻，最好是无事之后的所事。至于入砚蕉叶是否弥有清气、风韵、灵性、书香，尤妙在刻者心田那会儿有闲。

二、冬季里的一个深夜，读到八大山人的墨松

砚里作松，或是一截，或是一段，或出一枝，或直接连根带干枝叶全出。松鳞刻画，错落者有之，大小圆点相间者亦有之。松针形象，有椭圆，有扇形，也有正圆，还有直接写取自然针形传移摹刻。砚里有松，同时搭配云烟，以构成虚实相互刚柔兼济的画面，此为一境。或者大松小石，间溪涧，间竹叶几片，于松枝中刻空月一轮。

学习刻松，起步可以少刻小试，循序而渐进。先可以一圆月、一松枝，上刻松针若干，再逐渐添枝加叶，上下前后试着雕刻。

徽派刻松，手法工笔。雕刻以洁净、工精、细腻见长。松针表现，主以椭圆、扇形二式。徽派松树，少见单一刻松，砚里若是有松，要么以刻松为主，以刻云为辅，要么松、竹相间，或刻“岁寒三友”。由主干到分枝，一应松树，讲究有交代，见分明，现错落。

松者，刻有坚韧，流淌劲逸。

曾经专门驱车去山坞险要看那云根独出的石松。概略一看，松的主干总是直拔。睁大眼睛细读，它们无一例外地成长得奇屈。要么一个劲儿地旋转

魁星点斗　吴荣华

砚，取金星歙石，制门式。砚面，金星如雪花飞舞。作者就着池头，浅浅雕刻了数朵寒梅。砚盖工刻一魁星，魁星的雕刻深入细理，根脚精微，衣带生风，神来、鲜活。

向上，要么挣扎着，呐喊着，奋争着，直到器宇轩昂。

松砚之刻得匠俗者，见有两方，一是砚里刻孤松直拔单立，号“迎客松”，看后甚是无趣。二是满满当当刻松树三五棵，虽也有穿插，间有高低，雕有向背，刻有形势，深入浅出雕镂兼施，不过徒具松形，古意不凝，精气不在。

早年学砚于龙尾砚厂，依龙尾眉纹、水浪刻松。一径爱表现松的坚劲、苍老。坚劲者，一是松鳞雕刻宜疏朗，匆细密。二是枝干走势，不可粗细顺溜如鼠尾，而是宜拙、宜屈。转折处，可以树结凹凸其间，下刀用线，不可柔而无骨，如瓜藤般细密柔绵。

见过日本砚谱，上有一松砚，清人所刻。

砚取端石，圆椭，竖长。砚的左右两边尽刻松鳞，鳞片长圆形，大小相间。砚额处，仅琢一松枝，上刻椭圆松针三五，其中两松针，取圆形，呈凹式，不加任何刀斧，只妙为砚池，此一妙可谓匠心独运。

少年松树，鳞片细小而绵密；老岁云松，鳞片大块而斑驳。

如今，或龙尾，或苴却，偶尔我也刻松。有时于山石间崖涧旁刻一松枝。有时，会一一计较松鳞，主干，根须、走向，直曲，结疤，等等。刻，深一刀，浅一刀，时而，只是为了找点感觉刻出真切。有时，尽去松鳞意刻枝干，凭心中取舍只是刻。

写松砚上，断不能一径直叙，一如平铺。可以主干、松枝，一个劲儿地只是扑向一方。可以起于砚底，延伸向砚额，忽然地一径枝干，由上而下或直或曲如飞瀑似流泉呈扑捉状。还可以在伸展的最高处，蜿蜒轩昂着枝干，雕刻点染或稀疏或浓密的针叶，其他细枝末节，没入烟云不见形迹。

又，冬季里的一个深夜，读到八大山人画的墨松，寥寥几笔于不经意间，看着少，却不觉少，空灵境界都在其中。这样一读，联想砚石上的刻松，一方方深深浅浅或精工或形意，雕过来刻过去，心中莫名恨起刻砚的或铲或切，又雕又刻来。因为，那雕、刻总脱离不了一刀复一刀的具体，而一应的具体，让砚雕的层面离栖身青云谱那哭之笑之的山人越是寥远。

三、总是觉得，刻得来端砚的云，是当下砚人的无量福缘

以石为砚，云于是嵌镶石里。

一是云，二是石。一行天上一为山骨，一吹之欲散一质性刚毅，一苍狗白衣，一生来朗硬。

约略看来，制砚的这般那样题旨，出入古今而不孤不泥不让人心生烦厌者，云也。斯是云的耐人寻味，亦是砚的意味深长。

云者，呈不可捉摸态势，自由变化而无穷尽。时常觉得，古人临窗独坐，静观天地，思接洪古，其中的不可寻议妙笔神来异妙天开，在用纤毫颠末图画出了锦灿祥云。

夫将变幻无常之云凿刻砚上，歙石龙尾少有具体，而是偏爱漫散飘忽之流云，稀见固化之云朵凹凸。

歙石之云，多是点到即止状态游弋。嵌入龙尾石的烟云，飘忽，流变，隐约，灵动，像徽歙婺源一带忽来的雨，又如山里的雾，云山雾罩，虚实有间。

观看歙石刻云，一者，总处于若隐忽现似有又无之时。二者，总是通透机变灵性。三者，总弥有捉摸不透之微闲。

学步歙砚，形势、线条、池头刻划不可小视，其间深入浅出分寸控握，艰难者云矣，需要下足功夫致力深学者，亦云矣。

砚里刻烟云，好在是与不是间，得不是又是之态。砚上刻云，越想具体，越不好具体。不具体刻不好那云，太具体又恐无云。

凡虚静清空下刀有感觉者，刻那流水云烟事半功倍。下刀一径实在，在砚上布云，常常是事倍半功。

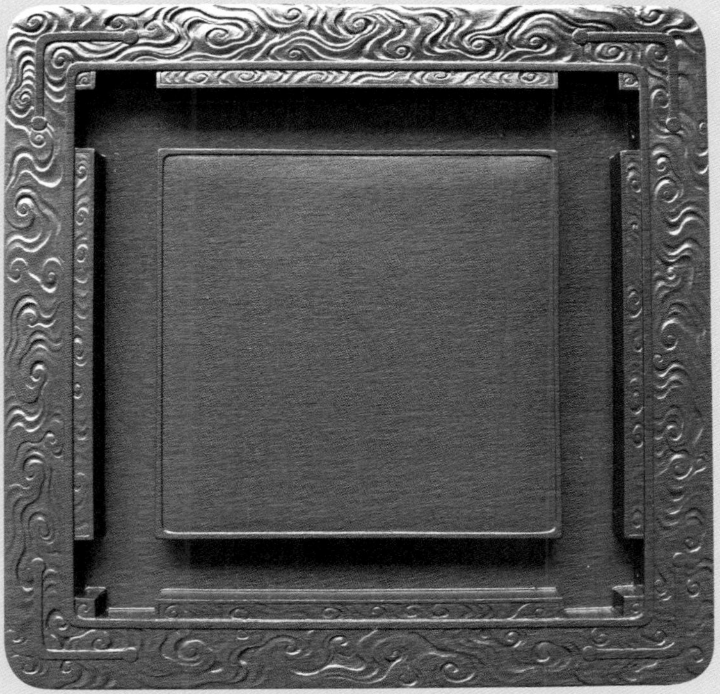

井田式云纹砚

吴荣华

作者意匠独出，布云纹、星斗于其中。云纹雕刻深入浅出，工写相融，四面韵味各具，风骚各领，下刀自如，格致别来。

云者，制，要的是抽象。当年，海派大家陈端友刻砚，追求的是具象，君不见直实的陈端友几不在端石上制云。

有一段，摩造烟云的我，心追过端砚。

端砚的云，凡一二或七八十五,一概走得规整、周正，别蕴一份古老绵长。对称的云样，如古典诗词的平仄、对仗。里边贯穿浑凝古人筑物营造的精心、妙巧、工技、讲究。

总是觉得，刻雕得来端砚的云，是当下砚人的无量福缘。

早年，见过端砚缠绵起线浮而凸出的朵样祥云，曾经想，何日得幸，我的刀下也能生出这般端工。特别迷醉的一段，梦里都在苴却石上手刻心追，也想，日夜兼程过端州，于细静巷弄寻一鹤发砚人拜师，好好琢磨修学一下那云。

刻云，似乎动笔勾勾，不会画的也能描摹，没雕过云的，雕雕刻刻也摆弄得来那云。

见一古砚，砚上刻有云朵六七。云，不端不歙，一团团困在那儿，呆滞在那儿，倘是学过端样，那云，多少可以见些工技，蕴些缠绵。若是歙工出身，那云可以少点木讷，具些空灵，少些呆滞，添些机变。

刻过一砚，雕的是漫开的云。

那些云，似乎有些翻涌，可是不急不慢。那模样像深山老精，古怪、神秘，又像思绪来了，不敲门地突然而至，一瞬，又了无行迹。

从造像看，那古老的云，有丁点如意云的影子，但已然不仅是，不尽是。

忽而又想，倒回二十多年，初始学步四川苴却，请来几个端工，他们刻下一批苴却砚，不久悄悄走了。想他们应该在苴却石上刻画过端样的云，如何他们走了，那片云也开溜了呢？

四、依形就石，顾二娘洞开的是神妙、清奇

顾二娘制的洞天一品砚，一直以来影响很大。

此砚，石出端溪，近方的自然形态，上刻一方形池，池边琢刻了一圈纹饰。

刻，就这么一圈，没雕龙，没描凤。

见过顾二娘刻的芭蕉砚。一左一右两片蕉叶，在砚额处浅浅相交，那情状如两个吴门书生在低眉细语。砚，好得清新而雅淡，没有什么特别独来匠心，一切自然而然，如山里清风和着细雨。

洞天一品砚实不同于蕉叶砚。蕉叶砚，毕竟两大片蕉叶有模有样地搁在那儿。洞天一品砚，雕，就那么一圈边饰，很不起眼，雕了如没雕。

刻砚，松间明月，梧桐细雨，花好月圆，潇湘丝竹，都可以入砚。

顾二娘不。

依形就石，柔情生出，她洞开的是神妙，清奇，那里风月无边，让人思绪万千，撩想无际。

就意象看，方形构就的池形如苏州一带的细巧轩窗。那些窗或漏或透，窗里窗外各有天地。人在窗里，可以边走边看窗外的水榭楼台，人行窗外，时不时亦可以偷窥一下窗里。

可是，顾二娘造的分明非窗。

将一扇轩窗雕造得周正、具体，相信顾二娘能做到，可是，一味的具体，令人品到的许就是刀工、雕窗而已。不知拿到砚石的顾二娘当时有何感觉，是何想法，总之，她没具实地雕刻一扇轩窗，而是轻轻下刀，营造了一个温婉的梦境。

今天的我们，刻砚，反复地雕和刻。我们刻出了硕大的砚，雕出了高浮镂空的龙。就着一块砚石，我们越雕越具体，越刻越浑实，东西看着是具体了，可是那些原本美好的梦境在不知不觉中渐行渐远。

顾二娘，雍正至乾隆年间（1723—1796）人，著名女制砚家。

以制砚说，清代是一个辉煌的时代。

清代，人物、山水、花鸟、器物，一拨拨的题材雕到了砚里。深雕、浅刻、薄意、镂空、手法可谓百花绽放。清代，有集天下名砚于一身的《西清砚谱》行世，主编的名头尤其不得了，他是爱砚的乾隆皇帝。

清代，京城设有清宫造办处。

造办处的雕窗下，河南人刘源正在倾心雕刻一方双龙砚。这方砚，刘源用了很多前所未有的深雕、掏挖、空镂手段，即便刻于其中的云，他也极尽心思，掏出了很多别样的空灵。还是清宫造办处，名手们正在雕刻一种新砚材，这砚石有黄有绿，或者黄绿相间，当时的民间制砚师别说用这砚石造砚，即便是见上一眼都难。它不同于端，但有别于歙，用这砚石刻出的砚专供皇家御用。这些砚的造型、制式十分考究，雕刻手法精细奢华，它就是后来令砚林刮目的皇家御用砚 —— 松花砚。

清代，江苏吴门，行过倒映在水中的月宫般拱桥，在一个名叫专诸巷的地方，一个蕙质兰心的女子正在制砚。她制的砚，有端，有歙，还有出自苏州的澄泥石砚。她，就是顾二娘。

顾二娘，又称“顾亲娘”“老亲娘”。她还有一别号，称“顾小脚”，传说砚石是否佳妙，她用小脚摆弄一下便知。

谈起制砚，顾二娘自是独有心得，她说：“砚系一石琢成，必圆活而肥润，方见镌琢之妙，若呆板瘦硬，乃石之本来面目，琢磨何为？”

制砚不易，对女性而言尤是。制砚，需要手、肩、腰等多方面的力量配合，学习做砚，免不了要搬抬砚石，切割琢磨，开砚堂，打砚池，一刀刀的雕刻需要力道，还要随时面对飞溅的石渣、飘浮的石尘。

顾二娘的不同，在能凹刻松梧梅竹、寿山福海时特立独行地避实就虚另辟蹊径。虚，表现在砚上，实在不同于刻什么像什么。虚，缥缈，形意，似有若无忽隐忽现。虚之于砚，见别于纸上绘画，不能如画家的大笔一挥随意泼染，可以满纸云烟，什么都是又什么都不是。

去实就虚地刻砚，这样的刻，仅有手头功夫，如何也生不出一番天地气象。因为，这样的刻砚，刻的是一个人的感受，凝于其间的仍是。

五、刻竹笋砚这年，陈端友 44 岁

说制砚，免不了要谈陈端友。

不知是不是因为身处孤岛，实在挑选不到好砚石，当年他刻的砚，砚上几不见什么稀品金星、名贵鸲鹆。

第一次见到陈端友刻的砚，我便不由自主地喜欢上了。

从照片看，刻砚的陈端友是个黝黑的老头。不知道这个一脸平实的老人，怎么那么会刻砚，砚如何能刻得那么好。

刻砚，我喜欢陈端友。

我喜欢他刻砚的一味平实。

平，一是砚材平常。在他的砚上，几乎看不到什么稀绝妙品。二是题材平常。竹节、甜瓜、蘑菇、荷叶，这些题材多是身边之物，寻常所见，都不是什么重大题材。

实，在雕刻上的实实在在，见工见细。

再，喜欢他的刻砚功夫。泥也好，水也罢，虫蛀也好，裂痕也罢，在陈端友的刀下，几无一笔带过的地方。一段锈迹，该用什么刻刀表现，刀该如何下，怎么刻，一条裂痕，长在甜瓜上的，该如何刻，有些东西，想都无法想，但是，他能一一精细刻出。

陈端友刻砚，只是实实地刻。

他刻的砚不会忽然阔大起来，大小、厚薄，他的砚都那样。他刻砚不求花哨，不讲猎奇，求的只一字“实”。

他刻蘑菇砚，砚边、砚池、砚堂、砚额、砚侧都是或仰或斜，或高或低，或正或反，或大或小的蘑菇，直刻到只见蘑菇不见砚料。一朵朵蘑菇，逼真得令人难忘，直让人拍案叫绝。刻在砚堂的大蘑菇，有的地方凹下，有的地方凸起，于平缓中细寓律动。蘑菇的边沿处，有的稍微向内翻卷，有的略微朝后斜出，有的已见撕开，有的小有破碎，精雕细刻却不着痕迹。

陈端友的竹笋砚如蘑菇砚一样，采用通雕满刻形式，手法逼真写实。

从外形看，竹笋砚的形走得痛快。起手，左上由直线转折向下，再大弧线，经砚底平弧过渡，之后很有力地一转，进入平缓起伏，又一大圆弧，步入砚的端。

砚堂线，见细微变化，从整体上，左部弧度很大，右边小范围起伏。之所以这样走线，包括砚池的略向右倾，主要考虑了此砚的平衡、重心。

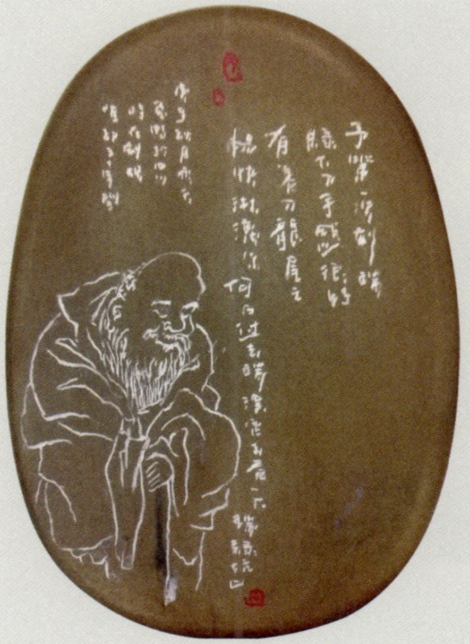

端溪绿石　南山寿（背刻）　俞飞鹏

端溪绿石　挑秋（背刻）　俞飞鹏

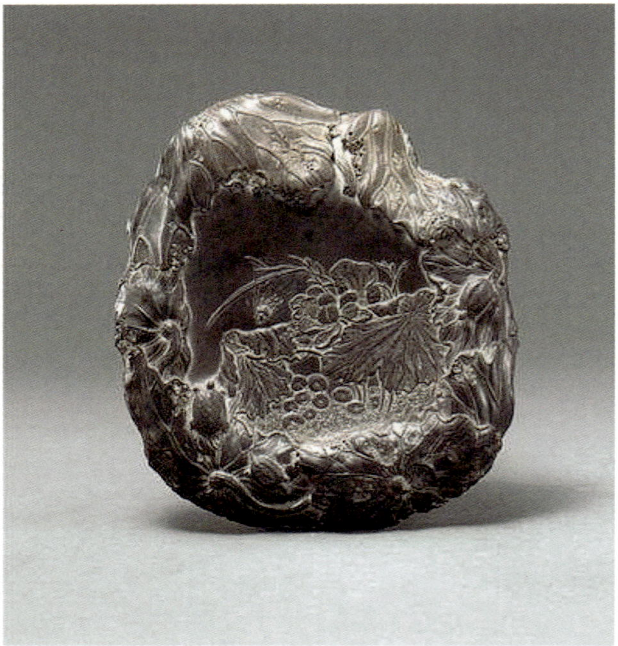

刻竹笋砚的这一年，陈端友44岁。

这一时期的陈端友，离开师父张太平已二十多年。二十多年里，刻砚，他有过迷茫、阵痛，有过无所适从不知所以，现在想来步入了成熟阶段。

从造型看，竹笋砚，形如真实竹笋的半边，整砚去平直而微弯，状如自然弯曲的竹笋。砚的下部，陈端友仿照人们开挖竹笋时的刀削效果，砚的顶端，则巧妙处理成竹笋剥皮的样子。

竹笋砚，砚长不过十七点四厘米，刻于1936年。

据考，这时的陈端友已经在居住于上海的名医余伯陶家中刻砚。

完整地雕刻一根竹笋并不见得新奇，将竹笋笋壳全部剥去，刻出一览无余的笋肉亦不见得有多新妙。陈端友的竹笋砚，将笋壳剥去了大半，同时残留了一小部分。在残存的笋衣中，他又孩子气地剥开一个小洞口，让笋肉稍有显露，如此则奇峰突起，奇趣于焕然之中忽然顿开。

陈端友，一个影响海派砚雕的工技到达一定高度的制砚家。

读陈端友的砚，看着看着你会发现，可以不管砚石，不论端歙，不问老坑新坑，不管砚上是否有鱼脑冻、鸲鹆眼，在他的砚面前，你只是看，只管看。

六、陈端友刻荷叶，去似是而非的像

砚刻荷叶，陈端友多取类椭圆的自然石形。这类石形，带点浑圆，整体饱满，感觉上还有那么点荷的团样。

荷叶这一题材，砚里时常有见。刻一荷，由砚额顶部下行，至砚池处，形成凹凸、错落的边，这一荷叶边，是荷叶的，又巧为砚堂边线。此是常见的荷叶砚的表现形式。这一形式，端、歙都在做。其中之不同在端砚的荷叶，一片或多片，多会想方设法，往具体、丰富、入细里刻；歙砚，荷叶入砚，一片或多片荷叶，会绞尽脑汁往简省里雕。

陈端友刻荷，其一，砚貌不同。

砚貌是一方砚整体呈现的相貌。印象中的荷叶砚和其他题材花式砚如是，砚侧、砚底没有雕饰，砚侧或随砚石本来，保留自然的一圈，或人工处理，打磨成平整光溜的一圆，砚底素做，做成平底或凹底。

陈端友的荷叶砚，一眼看去也好，翻来覆去也罢，从砚侧、砚底再到砚面，除却砚的池、堂，其他多有雕刻。他的荷叶，从布列看，一是砚底、砚侧与砚面荷叶不好办。二是雕刻下刀难办。三是难在边沿的整体造型处理。

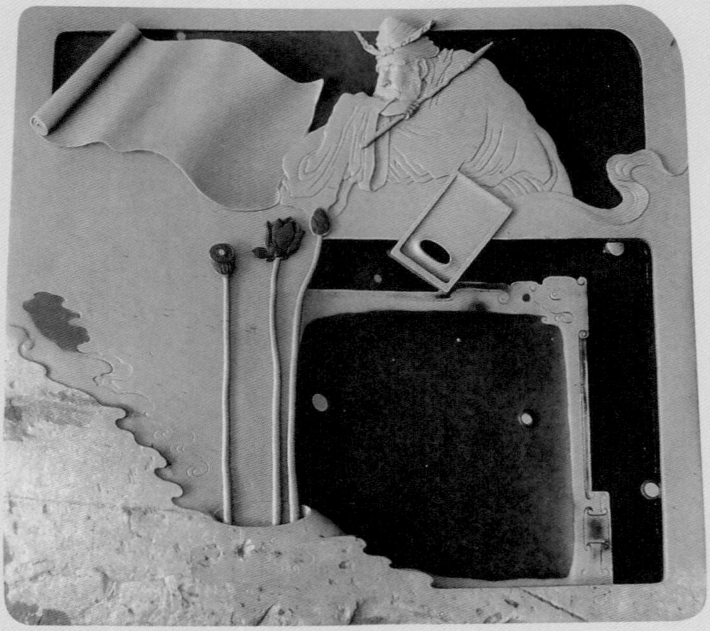

觅句图砚 林庆华

人物入砚常有很多的刻。

此砚刻一人，这人在独坐觅句。砚，有巧有俏，砚中有砚。喜欢此砚，优长自不独在用色的布列，亦不尽在线的运用、肌理的留取。

比如，造型要取原有石形之长，改原来石形之短，得有实有虚，有起有伏，见凹见凸，亦强亦弱。个中之难得不易，在何处突出，何处弱化；实，实在哪一地，虚，又虚在哪儿更好。从整体上，雕刻形成的砚貌、形态，在如何看起来凹凸得体、自由自然，能在自然中见生趣。

其二，荷叶具体的雕刻、取向有别。

刻荷叶，或正面铺开，或背面翻卷，一片荷叶，需要雕刻的无非叶片、叶脉加上荷梗。陈端友刻荷叶，晃眼一看，除了雕刻更细腻以外，与其他的荷叶砚并无二致，可是细感慢看，却多有不同。

一是不刻概念的像。概念的荷叶，以传统绘画看，多点到为止的泼写，泼出大约的团样，取大开大合之象，浓墨重彩于叶片，疏笔掠影于叶脉，突出有形意的残破。荷叶的梗，虽然每画必有，但是多半寥寥写出。

陈端友刻荷，去似是而非的像，刻，不再大概，大约，点到。无论叶片、叶脉、荷梗，一并丰富刻，写真雕，细腻雕。

二是下刀不虚写，雕刻不一笔带过。古人画荷，多讲究简、少、疏、淡，讲究写意，意到就行，意到了，笔墨便可以不到。

陈端友的荷叶，由整体到具体，甚至边边角角的某一细小局部，刻，不再会意，不虚实相间，一笔带过，而是任意一个地方，一刀一刀刻清晰，走具体。

三是精工入微，穷尽细理。陈端友刻荷叶，荷叶局部的翻卷，叶脉的张扬或直曲，叶脉与叶脉间的空白，一个细小的虫眼或一部分虫蛀，荷梗的一截以及头部，等等，他都会设法刻得精工入微，穷尽细理。

见刻工精微，雕物象真形，这是陈端友的刻砚特色。

陈端友刻砚的另一难得在于有很强的砚性。陈端友走的通雕、满刻、工实一路，与流传下来的古代砚路已然迥异。砚刻到这样，行到这一地步，要背离砚的旧貌、制式，说跨过去，可能跨一跨就过了。可是，刻砚的陈端友好像知道自己该做什么不该做什么，应当怎么刻，可以刻到怎样。不管刻什

么题材，取什么形式，从样式、开池到布列，陈端友的砚一直带有很强的砚性。砚性似乎是陈端友刻砚的底线。

刻砚，刻出自己的符号难。刻荷叶，有如画荷叶，形成自己的面目不易。陈端友的荷叶如齐白石画的虾、徐悲鸿画的马，刻的是自己的荷叶。

刻荷叶，过去，现在，将来，很多人会刻，在刻，要刻。

刻荷叶，我一贯认为，有必要学一学陈端友。学他对待荷叶的一点一滴的老实，学他荷叶雕刻的波澜起伏姿态万千，学他面一荷叶的不投机，去机巧，一径精工，穷尽细理。

学他的荷叶，可以像他的荷叶，甚至可以学到乱真。不过，学他需要记住的是，他毕竟是他，你终究是你。

七、横截式竹节砚，做得最见水平的是陈端友

竹节入砚，一是竹面式，二是竹里式，三是横截式。

竹面式砚，曾在文玩店家见过一方。砚整体小巧，竖式，泥黄色泽，长约十五厘米，厚度约三厘米。砚的正面、侧面、背面皆雕刻，刻工深入浅出，刀刀不空，言之有物。特别是竹子的开裂处，雕刻尤见老到，恰如其分，感觉如真竹子开裂一样。后来得知，这砚的手法出自海派。

婺源人做竹节砚，喜用剖开的节里做正面，将竹的竹面置于砚背。有的砚，还爱在背面浅刻几片竹叶。

竹，形圆中空，节与节之间相互封闭。用剖开的节里做砚，在节与节自身形成的空间里开出池、堂，这样的竹节砚，既是竹，又为砚，同时巧妙地突出了砚的实用。这样的做法，雕刻上着重于节，突出在节。节，要求做得立体、生动，两节的线条要曲中见变化，曲中见力度。还由于龙尾石本身的不宜深雕，所以雕刻者的功力在节的处理中尤为重要。

端石宋坑　仙福图（背刻）　俞飞鹏

端人做竹节，爱用竹面。竹面式砚，竖状，上下有节。砚池、砚堂凹开在竹面上。雕刻时，制作者有意将竹之节雕得突出些，在节之下以凸刻手法雕上数个小竹芽，有的在砚额处添上几片小竹叶，这样做，一眼看去，既见竹，也见叶；既有节，还见芽，于工于艺均是不错的呈现。

不过，有一对出自晚清的竹节端砚不这样刻。这对端砚，砚石本是一块，将砚石一分为二，如竹筒剖开各自一半。砚工在这两块料石上别出心裁地刻了两方竹里式砚。

横截式，形扁圆，入砚，专取竹的节部。

横截式竹节砚，做得最见水平的是海派砚雕巨匠陈端友。

一小块端石，一段不起眼的横截式竹节，陈端友会如雕蘑菇砚、古钱砚那样，正面刻了刻侧面，侧面刻了刻反面。入砚的竹节，在他手中看着已刻得十分具象，可是他还要在竹节里边雕刻虫眼，一个个深深浅浅大小不一的虫眼，被他乐此不疲地精细镂刻。还有，竹节剖面生有细细密密的斑点，关于这些斑点，一般人不会留心，他不仅注意到了，还一点一点不厌其烦地把这些斑点细微雕刻出来。最让人惊异不已的是连锯子锯竹节时留下的错落的锯痕，他也一一用刻刀雕镂刻出。

横截式砚，砚侧多做一节，也有做成两节、多节的。

曾见过一方竹节砚，制作者在砚背中部凹刻封闭的里节，然后在节里有意刻出裂痕。同时，着力在裂开的下层挖出清空感觉，并在里面雕一稍露头的小虫，如此，匠心独运。

苴却石制竹节砚，手法主要为竹面式。制作特点是立体造型，巧色而刻，突出竹节。苴却石制竹面砚，砚上多刻些许裂痕、虫眼，附带雕刻竹枝、竹叶，有的兼刻蜘蛛、壁虎。

在婺源，我用龙尾石做过竹节砚，其中一金晕石整体修长。我取竖式，正面巧金晕刻竹叶，砚背着重刻画了竹节的碎裂纹痕。这方竹节砚，雕刻时间约在1988年，其时歙砚制砚的私人化尚处于非公开阶段。而在广东肇庆，

私人砚厂已见林立。

刻砚，很多题材都有模式化、套路化倾向，竹节砚如是。

竹面式、竹里式、横截式，刻得多了，没刻过的，刻过一二的，翻来覆去刻，逐渐都会刻得像那么回事。这样的刻，从表面看，刻得可以的与刻得一般的，因为刻的都是竹节砚，整体看着有了进步。上升到艺术层面看，一类砚刻或一个砚种，若习惯于陈陈相因模式复制，且沾沾自喜乐在其中，必然影响砚艺的质性提升。

看过似曾相识的相近似雷同的东西，相比匠心独运、另辟蹊径的创新，不可同日而语，毕竟天差地别。

卷五

砚功的体现，有时是在没东西刻的地方能生发有，能持续刻；有时是在别人刻不出效果时，能匠心独出。砚功，时在雕刻的总有，时在不着一刀的无有；时是真切，时在隐约；时在意会，时是直率；时是一味添加，时在能脱去堆砌，归于浑朴。

西安有个藏家，街角见一砚，200元人民币买下，数年后转手，卖了70万元人民币。这砚，要说卖得够好了，可是，两年后，买砚的这人将砚送到北京拍卖，拍出了380万元人民币的高价。

赏识者，多有一定的学问素养，喜看一砚的意境、意蕴，有的具有一定的身份地位，有较充裕的积蓄，有时间看砚，论砚。藏砚型不会考虑投资投机，而是一心藏砚，心喜有好砚。

对真正的砚者而言，得遇这样的藏家最是难得。

一、买砚，有人慧眼独具，有人就凭感觉

买砚，买的人总想买到好的。

好砚，如何好？在买砚人那里，多半不会讲究砚池如何通灵，线条如何精妙，而是一眼看去能否对上眼。对不上眼，再好也不叫好；对上眼了，那一砚的好，如情人眼里的西施，风情万种，千娇百媚。

有的砚，刻的人觉得好，买的人未必。买的人觉得好，乐呵呵买走的；卖的人遇见，有时也目瞪口呆。

想过做砚，就着一石，不必东想西想，什么因材、俏色，什么池、堂、线条，一应不必管，只管一样，顾客想买什么，按顾客想的去做。可是，今天雕一云龙，明天刻一山岳，东一下西一下，做着看着，美好的心性在不知不觉中便如烟云般散了。

蛙声十里出山泉　俞飞鹏

做砚，也有这样的人，一径做着，并不管买家是否喜爱，就朝自己喜欢的去做。有的专攻人物，有的钟情山水，有的花鸟，有的器物……有的砚手，只会某一题材、某一刻画手法，一方方砚，也就那样做着刻着，一年年，直到实在不想动刀刻砚的那天来到。

有时我也会买砚，还爱鼓动别人买。二十来岁，鼓动人去龙尾砚厂买砚。多年后，见到买砚那人，他说：还记得那砚吗？你让我买的那砚，现在价格已上万元了，我没想卖，砚还在手上。那砚，我记得，整方砚满满的都是金星，当年砚价不到百元。

在肇庆，见一砚，形浑圆，工极其到位，于是，又鼓动藏家买了。

在婺源，带着在外地工作的同学，东家进，西家出，买了不少砚。一次买砚，返家途中，天已擦黑，路边见一砚店，进去，看到满满一店的砚，于是又迈不开腿了。

买砚人，各有形色。有人急急地来，买下砚就走了，头也不回；有人进砚店，一声不吭，只是看；有人买砚只认老坑石；有人就爱石品独特，石色鲜丽。

买砚，得我喜欢的砚，说多也多。

宋抄、蝉形，尽管看了又看，还是一如地爱看。

端砚、歙砚，做工严谨的砚，哪怕素式、仿古，我都欢喜。

买砚，也有错过。

有天，在藏家那里，我看中一方老砚。那砚，形是约略的圆，雕的是荷，荷叶下刻一青蛙，尤见神韵。那天，由于行色匆匆，和这方老砚瞬间错过。

买砚，你可以重一砚的石，可以重一砚的技，可以重一砚的品，还可以重一砚的艺；买砚，无论怎么说，最终令人想买的是好砚，而好砚的至要在石、品、技、工、艺的能有所蕴含。

我买砚，讲价的砚，会依那砚价，掂量着买。买下作为收藏的，功夫、布列、气象、蕴含，一一要看，认定好的，不管老坑新坑，符合就买。

买砚，看着贵的可能是一便宜的，看着便宜的可能是一贵的。

买砚，有人慧眼独具，有人就凭感觉。

买砚，买什么砚，不买什么砚，形如品茶，有人爱普洱，有人爱龙井，有人爱喝婺源绿茶，有人独爱铁观音那味儿。所以，好端砚的，不一定好歙砚，认歙砚的，不一定喜欢端砚。所以，喜欢砚上雕龙的，会买腾挪云雾张牙舞爪的龙砚，喜欢砚上宁静的，会冲着宁静清雅的砚去选。

买砚，都如我这样能循门道也不见得就好。所以买砚，懂，能助益砚艺，凭感觉买，未必不是为古老的砚艺添砖加瓦，增寿延年。

二、卖砚，低出或高走，大多时候不在你也不在砚

卖砚，个中滋味，最难言说。

好不容易呕心沥血画、打、铲、刻地做出一砚，面对它，说卖，谈价，那时，常常心意纷乱五味杂陈不知所以。

卖砚，不谈价无碍，一谈价，其中上下高低，常常是风云突变，不知底里，不辨东西南北。砚价高了，能让人瞠目结舌兴趣索然；而低出，实非做砚人所想所愿。

卖砚，低出或高走，大多时候不在你也不在砚。一方砚，刻得好，不一定价就好；而刻得一般的砚，不见得就价低。卖砚，这一砚或那一砚的价格，多半在顾客心里装着。高与低是顾客的感觉，你认为低的，顾客可能觉得高；你以为价已经很低，顾客总以为你没说实价。

有刻砚人告诉我，他遇过一顾客，那人选中一砚，刻砚人于是开价，顾客说，高了，太高了，少点。

刻砚人想想，让了价。顾客又说，还是高。于是，刻砚人再次让价。

顾客说，你就说个实价吧，我买。

祥瑞图　吴荣华

内砚取歙石制月样。砚盖，主体刻神兽、仙鹤，衬以海水波涛，边，以云纹作为围饰。全砚入刀、着刀精工，雕刻细腻，小巧精致，赏心悦目。

刻砚人想了想，再次报了个更低的价。

顾客说，高啦，高啦，谁谁我都是认识的。这价，如何是实价呢？再少点。

刻砚人回顾客说，再少，我已经退无可退，没办法少了。

顾客说，这不是实价，这如何能是实价呢？再少点。

买砚，买的人，低了还想低，个中缘由，在于对令人眼花缭乱的砚价心里没底；卖的人，劳神费心，千辛万苦刻出一砚，想着能卖高点，也是实情。

徽歙婺源一带，有家小砚店，店里稀疏摆放了100多方歙砚。店老板日出开店，日落歇息，小店在不知不觉中开了数年。

一天，店里来了两位香港客人。他们看砚，没说什么话。在一方小砚面前，两人站住了。其中一人拿起砚，边看边呵了呵气，上手摩挲多时后，交与另一人，这人仔仔细细又看许久，将小砚放回原处。

小砚是一方具赏玩之功的砚。这样的砚在制作上要求比例恰当，大小如少女掌心。如此大小的砚，曾经像宜兴的紫砂壶一样风靡台湾。小砚上的细雨金星，细细密密，如秋夜的雨丝斜斜飘落。砚上刻一蕉叶，叶下刻一青蛙，呈伏状，整体秀雅而清新。

天色不早，两人看了看砚，准备走出砚店。店老板边送客人，边随手将刻有蕉叶青蛙的小砚送给了他们。接过小砚，两人一阵惊讶，其中一人掏出1000港币，塞给了店老板。

一方小砚，换来了1000港币。按平日，这样一方小砚，哪怕卖200元人民币都难成交。

更令店老板惊奇的是，走出店门的两位客人，三转两转又回到他的小店。这次，他们提出要用12万港币将小店的歙砚全部买下。来生意了，店老板当然高兴，他还了个价，要19万港币。双方来回讨价还价，最后，价位定在15万港币，看着价位也就这样了，店老板把一店的砚都卖给了他们。

砚乡，大大小小有10多家砚店，他们为何单单在他这儿买砚呢？有人说，可能是他的小砚送得好，可卖砚的店家也有送砚的，他人送砚怎么就没换来一笔生意呢？

100多方砚，一次性卖出，15万港币，数着票子的店老板一时别提多兴奋了。

一个星期后，砚料原石忽然暴涨。店老板拍脑袋一算，他刚卖出的15万港币的砚，再放放，至少可以多卖6万港币。

卖砚，做好即刻卖出，好吗？很多人觉得好。其实也未必。有的砚，早卖有早卖的草率，迟卖有迟卖的美好。

西安有个藏家，街角见一砚，200元人民币买下，数年后转手，卖了70万元人民币。这砚，要说卖得够好了，可是，两年后，买砚的这人将砚送到北京拍卖，拍出了380万元人民币的高价。

卖砚，对刻砚人而言，常常是不卖不好，卖，亦不好。

砚，看着一方又一方做出，放在那儿，一天天摆起，心里如何能快意？可是，入得山里，千辛万苦，淘得好石一二，相石打稿，边想边刻，好不容易出来一砚，说卖就卖了，于心是一痛，是不忍。

我做砚，每做好一方，爱看，从白天看到夜里，第二天醒来，第一件事仍是看。

有的砚，做的过程中被藏家预订，高兴的同时难免空落；有的做好没几天，自己或还没看够就被人家买走了，心里会有不舍；有的做好了一放，数天，数月，甚至更长时间没能卖出，也会叨念。

会做砚，不等于会卖，是否会卖砚和做砚的水平高下无甚牵连。

攀枝花，有一卖砚人，铺一红布，摆几方砚在街边，看来来去去的行人，他知道，哪些人不是来看砚的，哪些人只是好奇地过来看看，哪些人是冲着砚来的。

卖砚，我时常认为，那是一门可以行天地的本事。

三、砚好不好，一般看的多是刻工

制砚，多说刻工，鲜论砚功。一方砚做得好，说的多是刻工好。

砚功，是包含手头功夫、见识、学养等的综合功夫。

面砚石制砚，靠一刀刀走，由不平走到水平，由平再走到要不平就不平，要如何平就如何平，需下很大功夫，耗费很多心力。

刻工，是砚者成长的必经阶段、必由之路。

有的刻工，下刀如工笔画，笔笔有工，笔笔见工，笔笔蕴工。工，状如楷书工整严谨的点、横、撇、捺。工，还如木匠一斧斧，一刨刨，有尺度，见准绳，恰如其分，恰到好处。

工，是训练有素；工，讲的是做砚的砚内规矩，是能方能圆，见方见圆，是具规矩之后的能成方圆。

看传统的长方形砚，举凡砚边、砚池、砚堂，工，可谓无处不在；工，能说随处涵蕴。

工之于砚，赤裸得无有遮掩。

你刻的云、龙、山、水，体现在工上，拖不了泥带不了水，无法犹抱琵琶半遮面。山的凹凸、山的线条、山的厚薄高低，全在能否见到实在的工。

大不同于刻工的砚功，功在哪儿？

比如看砚。

看一砚，有砚功的看，能透过花哨脂粉，看到好在哪儿，不足在哪儿，哪些不错，哪里一般，哪是不够，可以看出砚家的承载、含量、学养、气度。

刻一砚，可以两三下刻出，可以三五天只刻了一点点。以砚功论，两三下刻出的，未必就是动作熟练，出手畅快。三五天没刻出的，亦不见得刻砚的功夫不够，历练不足。

陈端友刻砚，一方砚少则数月，多则一年。

陈端友那时，市面上没有硬质合金刀头，没有现在便利的电动切割打磨用具。他的刀具，平口、斜口、圆刀、鸭舌等，主要靠废旧座钟的圆盘发条自制。

陈端友的砚，以大小看，普遍算不上大，九龟荷叶砚，长十一点三厘米、宽十五点五厘米、高三点二厘米；甜瓜端砚，长十七点五厘米、宽十五点五厘米、高三点五厘米；古泉端砚，长十九厘米、宽十六厘米、高三点五厘米。

如陈端友那样，一砚石，一物象，或蕉叶，或竹节，或器皿，或田螺，天天就着一砚石刻，单一靠刻，一般砚手，刻个十天、二十天或许还行，刻它八十天、一百天呢？日复一日，月复一月，如何刻？

这样一小块砚石，就刻一物，天天刻，刻不下去正常，能刻进去，天天都有东西刻，可谓极不寻常，综合的功夫超常。这综合的功夫牵系砚手的刻工，关联他的砚功。

刻工看手，砚功在心。

砚功的体现，有时是在没东西刻的地方能生发有，能持续刻；有时是在别人刻不出效果时，能匠心独出。砚功，时在雕刻的总有，时在不着一刀的无有；时是真切，时在隐约；时在意会，时是直率；时是一味添加，时在能脱去堆砌，归于浑朴。

刻，哪怕一径云松，砚功在深一点的能深多少，在浅一点的度量把握，在知道何处突出，何应淡化。都刻那云，弥入砚功的刻，已不尽在工的细微、线的绵密，云可以刻得机变、灵动、浑然、飘逸。

砚，做得如何，好或不好，一般看的多是刻工。

制砚，行到一定程度，起支撑作用的是见识、学养等综合砚功。这样的砚功，在乎一个人的修为、静气、学识、涵养，在水样匀平安之若素的态度，在刻一砚的不会什么都要，鱼和熊掌都想兼得，在出入花红柳绿浮世，可以

鄱阳湖　俞飞鹏

心定如山心静如水。

砚功，是成就砚刻大家的至正功夫。

具这样的砚功，刻，一刀刀，如何能不脱去浮躁滤去火气？那砚，如何能不生意浮出，超然象外，天青而朗润？

蟾 俞飞鹏

四、赏砚是站在高岸，面一江流水滔滔来复去的样子

时常觉得，赏砚是站在高岸，面一江流水滔滔来复去的样子。

赏砚不同于看砚。看砚，可以是买砚、藏砚的有意识选看，挑拣，鉴辨。可以是郑重其事正眼对看，也可以不屑一顾斜眼一瞥，约略看。一方方细察，看构图布列、用刀用技、凹凸巧妙，多半是砚家的看。

识砚，在识。一方制砚在手，得认出端歙洮河，知道那石出自哪个名坑、角落，明白刻法手段、下刀、用料、格局、面貌，了解端的不同、歙的出手、洮河的异样。

赏砚，还不同于读砚。读，多半要讲究个专攻、门道，能读出随材施艺，取精用宏，于疏影横斜中能读出哪里恰到好处，哪里是多此一举。不然，一砚在手，翻来覆去，映入眼帘留存于心的便只是热闹。

砚，不一定都要赏。

我的工作室里，忽东忽西地便搁有一些砚。

有些砚，放在暗地角落，我几乎不去看，因为不忍，不愿，更由于看一次心伤一次。有些砚，我会一看再看，是因为好抑或独出？是因为难得，或者还有不足没看够？

有一方砚，我看了半年，一天忽地拿到工作台上，一番敲打，复归于石了。有一砚，一看再看，总觉得不好、不妥，终于，我把那不好翻寻出来，改了。可是此前一直没看出问题在哪儿，应怎么改。

工作室里，有些砚一定是拿来赏的，比如那块我不厌其烦一说再说的仿古蝉形砚。

赏砚，几无功利、目的，多因喜好而看。

不过，好砚的启功老先生赏砚，先是近乎不看。

他喜欢一手托砚，然后抬起另一手，以二指轻触砚堂，双目微合，来回进行旋磨。

据说，砚在他那，上好或者一般，经这样一番研究的定性，他多会说。

读书年岁，在婺源，用过一方老旧圆砚。

那砚体黑、正圆、素式。

体黑，想来相关于用。一方砚，用的时间稍长，多少便有了墨痕留存。即便那砚原本不黑，可是日积月累，经墨痕经年浸染，如何不黑乎呢？

那砚是何砚？是婺源龙尾还是玉山罗纹，是民国制砚还是明清古砚？至今已然无从知晓。

再一砚，体薄、长方、木体。

体薄，砚自是不重。

因是木体，大人说，即便上学时不小心掉落，也不会打碎。

第一次见那砚，我好奇地一个劲儿翻看，敲击，打了一回又打，就看是不是木质。我怀疑木体的砚是否可以用来研墨，甚而想，研磨那时，墨汁是否会由砚里渗出？那天，颠来倒去看砚，不知不觉中，眼睛直直定格在了一处，那里一碧清幽，是凹下的六棱形状，想，那应是池了。

初见蝉形，在砚厂。

那时，上班已近三年。砚厂，一月产砚高达数百方，在那儿看砚，经常是打着堆看，已然看过不少。

不过，第一次见真实的蝉形古砚，还是一脸惊异。

从草创到成形，蝉形砚有可能经历过多次变化。蝉形砚可能生发于古老的蟾样，如唐箕、宋抄的有若牵连。还有可能，蝉形砚的生出，缘于某个清夏的蝉鸣、砚家的某次顿悟，这样的悟，似身如菩提树开悟到菩提的本无树。

蟾样，带着些许俗韵，依然是老旧样式。而横空出世的蝉形，不仅清奇、脱俗，它的生出可谓亘古未有，旷世空前。

惊异于蝉眼可以虚空洞开，蕴含不尽，还能寓砚池于其中。羡慕那砚堂是砚堂又不尽是。圆融，浑朴，虚涵，能利于和水耐于研墨。喜欢那砚侧，律动，机变，流畅，自然。惊艳于砚背，那里，点可以意味深长，面可以浑然巧妙，收可以恰如，放能够酣畅。

那天，看过蝉形砚后，良久没有说话。

一直以来，对古砚有过诸多遐想，想过自己能得到一本古旧砚谱，想古砚谱中的砚多是唐砚。那些砚，一方方充溢着仙气，砚上不时雕刻有白眉毛白胡须的神仙，砚里有翩翩起舞的仙鹤，有眼睛大而神秘的吞吐仙气的蟾。想不到，真的古砚和想象的竟如此大相径庭。

面砚，抚摩砚堂感受一番，源于古法。

这样的赏砚，不啻启老先生，爱砚的日本人如是。

抚摩砚堂，赏，看什么呢？有人说，这是在看是否实用；还有人说，这是在看坚涩程度；也有人说，好砚讲究温润细腻，这样做是在感受砚石的细润。

除了感受，赏砚，又确实要看。

坑别、石品、皮色、取形、布列、雕刻，哪一项离得开看呢？

大体看去，唐砚中的箕形砚，如竹子编织的簸箕。特点是砚额处内敛，砚后部奔放，整体看起来如“风”字。

通常来看，砚的要素在有池，见堂，具边。箕形砚，开有明显的砚边，有可以用来研磨的砚堂，但是尚无明确而独立的池。

相比其他唐砚，我对箕形砚的赏看重在三方面。

一是砚足。唐砚，带足是一常态，有的砚具三足，有的是多足、圈足。箕形砚，以箕肚着地为足，这是制砚由有足、多足到逐渐去足的一个有意识的变化。二是美感。唐前砚，砚上稀见线韵之美。箕形砚，外形出现了或刚直或柔美的线，整体上已具了些见方见圆、柔和舒展的美感。三是器形。砚是器用之物，但是作为器，之前的砚多是溜圆一式，在形态和长、宽、高度上，不具独立的个性。箕形砚已具了些属于砚的器形、相貌。

倘若，于得闲时日，一个人，踏进一家有雕窗的砚店，那时，放下身形一径向砚，进行一番随波逐流的漫赏，缘何不是生命中的一乐，一快慰。

面一方刻有枯松的砚，看枯松下斜阳里，一左一右两个古人在赏看山水。你可以试着走进画面，将赏看山水的其中一人权当自己。

一砚，刻一戴凉笠的古人，你大可不必看那古人雕得如何，结构身形怎样，走在那儿为的什么，想要去何方。一方砚，波涛中刻一小舟，那水可以是湖水，也可以是河水。赏看那砚，不必管水由何而来，船划向何处，只管任其漂浮，到哪儿便算是哪儿。

赏砚，在那一时，不需辨认何为端、何是歙，何是新坑、何为老坑，面一砚，讲究从哪里入手先赏什么后看什么。那时，想看什么想怎么看，信马由缰天马行空，可以只是漫看。

海天神兽 吴荣华

砚，正圆，开如意形池。

神兽造像灵性、活泼，雕刻严谨、

工精，一丝不苟。

赏砚，我不爱赏亦步亦趋、中规中矩的砚。

见到热闹的砚，大多我会一晃而过。

赏砚，对那种过度讲求工细、以精工为能事的砚，我认同它的工精，但说不上喜欢，亦不会花心思去赏。

清代，有名为刘源的河南人，刻过一方双龙砚。

此砚，现藏北京故宫博物院。

双龙砚，形是一不规范的椭圆，这一不规范是宋砚规范之后的新生发。从形意上，它近似宋砚，兼方见圆中具些端庄。

此砚，生鲜的形，由左上行走到右下，如毛颖的突然一转，这一转折，看似突兀，却不轻佻。许，这一砚形源于料石的本来。但以入砚看，刘源出手意化，不泥旧制，仅就一形已见层级、圆熟、老到。

这方砚，用一半还多的雕刻统筹画面，让砚堂与雕刻等分般地各占一半，但砚还能让人觉得舒适。更神奇的是，整个砚，作者大胆舍去分明的砚池，隐砚池于其中，但是全砚砚味浓郁，丝毫没有不似砚的感觉。

从此砚具体的雕刻看，雕，借助大小不同的云的洞开，凹凸，深镂，以凸显龙形态上的浑实立体；刻，大量使用了圆刀，以破平刀的平直，求得云与龙在雕刻上的浑然，以及砚的整体浑圆。

双龙砚，雕刻随石因材，在刻画精细的同时，兼顾了大与小的处理、深与浅的变化，砚有层叠，见凹凸，主次分明，虚实相间，刻出了前人所未刻，创造了时人所未见。

做砚，开池、堂，去料凹下，太多刻砚的人会。双龙砚的不一般，在制砚的不泥于砚，在结合砚料又不被砚料所困，在重视题材又不执于题材。正因此，这方砚，砚与题材、主体与客体做到了高度相融。

当然，双龙砚也非尽善尽美。看它局部的一些行云，雕刻堆积板滞，因为陡然的深挖，深和浅缺乏自然过渡，这是此砚的局限，亦是当时的无奈。

赏砚，赏是角度、认识，还是一态度。

一次，谈黎铿先生的星湖春晓砚。

此砚收录于我随蔡鸿茹先生共同编著的《中国当代名家砚作集》。书出版后，有砚林同道来我工作室，翻开书，指点这一砚，执意想听我谈谈。

星湖春晓砚，砚林颇多议论，自然，这位同道也是心有迷惑。我想了想，对这个执意要听我谈砚且点名要谈星湖春晓的砚林同道，谈了如下意见：

其一，星湖春晓砚是一方带有“写生”意味的砚。

此砚创作时，在中国砚界，不少砚种还停留在雕龙描凤阶段。有些砚工甚至在刻“三面红旗”砚。当时，贴近现实生活，取现实场景入砚，将写实手法用于制砚创作，对砚林人来说，朦胧而遥远。

做砚，我们常说，要别开生面，不流于一般。此话说说容易，而真正运用在创作上却不易。黎铿先生能于当年特殊的条件、背景下这样做，无疑开辟了制砚新路径。

其二，我对同道说，你接受的制砚理念形成的是你的制砚观念。你我做砚，都讲求完美的心境。可我知道，不同砚种、不同文化背景的人，看砚的角度或多或少有不尽相同的一面。我们以为完美的砚，别人未必认同。我们觉得不甚理想的砚，或许有人以为不错，甚至看好。早年，自己觉得完美的砚，现在或将来再看未必认为完美。我们看黎铿先生的星湖春晓砚，好与不好，完美或不完美，情理如是。

中国名砚种类多样，相异砚种独具的地域文化，形成各异的砚雕语汇。如端砚的端庄与工细，歙砚的清雅与秀逸，鲁砚的素简与朴拙，等等。不同的地域文化和审美偏向，造就了风采各异的砚刻文化。从砚雕艺术的发展看，砚艺事实上需要这样的不一样，因为有不一样，中国的砚雕艺术才各具特色，而非千篇一律，千砚一面。所以，看星湖春晓砚，我以为，在了解端砚文化的前提下，结合端砚的审美角度看，或许更为客观。

其三，当下，我们看到的砚艺是有长足进步的砚艺。我们看星湖春晓砚，用的是当代进步、专业的眼光，审视的是黎先生当年的作品。这样看，事实上有失公允，更谈不上公平。

末了，同道问，您不觉得星湖春晓砚的云刻得有问题吗？

我说，是的。一方砚有问题很正常。这方砚的云，我也不看好。

赏砚或者欣赏、品读一部著作、一篇文字，其中之纷呈异彩八方四面，实如鲁迅先生当年评说《红楼梦》的经学家看到易，道学家看到淫，才子看到缠绵，革命家看到反清，流言家看到宫闱秘事。个中要义，还在观赏者的眼光、高度，持怎样的心态对待。你可以只看不对，也可以就看美好，觉得真切的看到真切，以为卖弄的看到卖弄，只想看他人不好的，眼里装的多半便是那不好。怎么看，看什么，汲取或者略去，高下或者文野，尽在赏看的那人。

多年后的一个下午，天下着绵绵细雨，我在工作室里刻砚，脑海中忽地浮出了那方可以研墨的开有六棱形池的木质砚。那砚，六棱的池是怎么开的呢？ 那池，呈六棱形，用的是直线，可是池里也是棱角分明吗？

古人赏砚，曲水亭桥、村墟竹林，一古樟、一茅屋，屋内独置一桌，一人把砚在手，静坐其中，对着天光日影，便可以独赏。

岂止于赏，古代，一方砚还是文人的一块心田，兴之所向，郁之所往。

若没有砚，是的，不知世间是否还有楚辞汉赋、老子庄子、孙子兵法、唐诗宋词，现下的我们还能否得见李白的“天生我材必有用”，能否看到宋人的溪山行旅图，读到苏东坡的“大江东去，浪淘尽”“明月夜，短松冈”。

赏砚得见砚中三昧，藏起砚来自会越见妙好。

何以觉得赏砚的样子是站在高岸呢？ 自认为赏砚那人胸可罗藏万象，目能达极千里，有不流于凡常的高拔。

赏砚，可以上手的砚，断不必多，有两三便可。还有，能上手的砚，实不能太大，大了，如何把玩在手，翻来覆去？

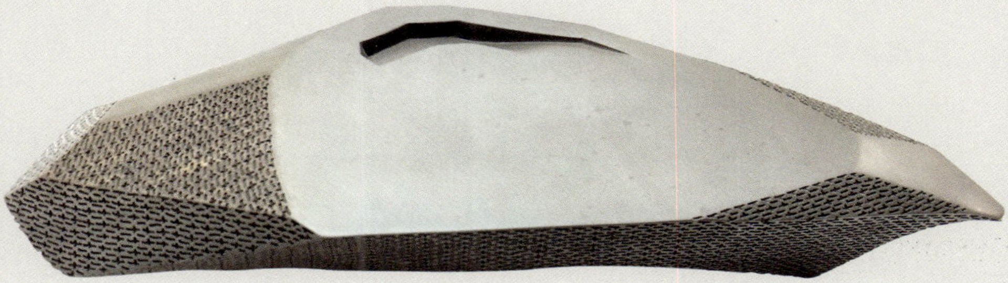

记忆 张学军

此砚的构筑现代。

池、堂都在，不过，旧有的痕迹、概念已然很淡了。画面多见的是多向性的线面、体块。

见过一方绿膘荷叶砚，砚的绿色，或深浓或浅淡，青碧而可爱。许就是这点绿色，牵出了砚手心绪，于是依石就色，泼写了这一绿荷。

觉得砚上的荷，一大半深浸水里，又感觉那荷由砚背翻转、延伸到达砚面。

从雕刻看，砚中的荷叶不是简单的一溜式的去个角倒个边，而是施有浅淡的张弛。细品刻出的叶脉，也非简单罗列，而是有收有放，疏密相间，其中一处空白尤是匠心独出，妙笔神来。

砚之得意处，许就是虚隐其中的砚池了。这池，看是砚池又不啻是，因为，它还是倒映在荷塘中的一汪月影。

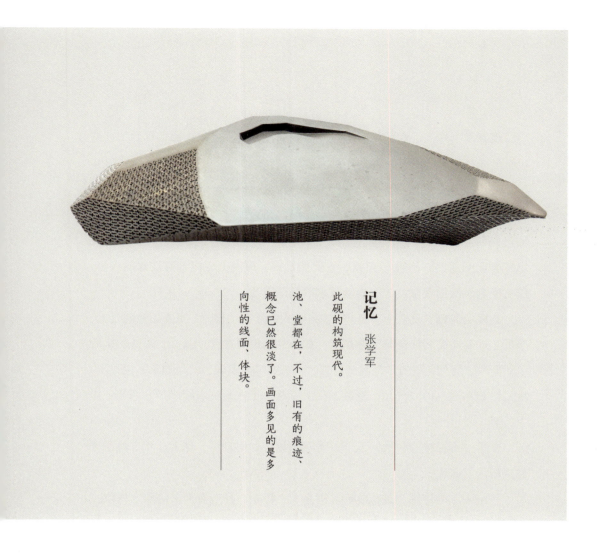

砚算不上精工，它的可圈可点在点到为止，若不经意，那情那状如在春风沉醉的夜里，与两三好友的小酌、慢品。

藏于故宫博物院的十二峰陶砚是一方非石质的造像怪异的砚。它的怪异，在第一眼看去不怎么像砚。那么多的峰峦直立、高耸在一个平面上，看那形制状态，更像是用作焚香祭祀的炉具。做一砚，需要做得这么挖空心思神妙莫测器宇轩昂吗？可是，它俨然是砚，那砚上专门开有注水的入口，辟有便利研墨的砚堂，开有能够藏水贮墨的砚池。

此砚的雕刻，或是一味横刻，或是竖式的线刻。横刻，主要用在砚足上，叠加、重复式雕刻让砚足呈叠垒状，如石片的层叠垒起。矗立、错落的山峰多用竖刻，竖刻，用的多是圆头竹刀，手法熟练但单调，刻画随意甚至草率、凌乱，想在这一山峰刻几条竖纹，刻上就是，想在另一山峰添加一两笔，添上就算。

雕工，不见精心精致，细节，看不到刻得如何别样，那么，十二峰陶砚何以耐人寻味呢？

一是砚足的作用。足让此砚显得高大、特立，具一份别来的恢宏气象。

二是十二峰的布列。砚中的十二峰，分为内层和外层，按观感分，它的布列是三组合一式。三组之中，一组在中间，两边各一组。这样的分法近乎平分、等分、对称式，可就是这样分出的峰，看起来不仅不觉得单调刻板，而且还能得自然，见错落，蕴妙趣，充溢奇趣。这便是此砚的绝不凡常了。

三是谜一般的构成。这方砚，除了高耸的十二峰，还刻了负山的两人，雕刻了神妙莫测的龙，这些几无关联的妙怪神奇地构筑在一砚里。人，不知因何负山；龙，不解因何神现。或由于这些，此砚予人以云山雾罩扑朔迷离之感，有浑寓一团说不清道不明的奇异。

此外是气氛。

气氛之于砚一直以来鲜见涉及。气氛是一方砚予人的整体氛围。气氛有俗有雅，或浓或淡，各有情形，各具妙曼。气氛或多或少存在于砚中，只不过不同的砚，由于刻砚人的禀赋不一、气质迥异，因此气氛的营造、影响各有不同罢了。

会制砚，不一定会赏砚；会赏砚，自会有利于制砚。

赏砚，眼光最紧要。于砚家而言，赏砚的这样看或看成那样，关注什么立足于什么，或多或少会影响日后的器象。

看砚，有一段，大家都在看陈端友。

看陈端友，有人看到他的写实，看到他制砚的功夫价值，一砚难求。有人推崇他的刀工，赞叹他的技艺；有人喜欢他入砚题材的接地气；有人看到他刻砚的媚俗；有人对他的刻砚一脸不屑。

待在四川的我，也在看。

我想，在那样一个战乱纷纷的制砚年代，如何能出来一个陈端友？我想，这是一个怎样的人，他的那些砚都是如何刻制的？

仅仅想还不够，我日夜兼程，坐上火车到上海，去了上海博物馆。

一方方他的砚，存列在那儿。他的砚普遍不大，很多砚比我以为的还要小。就着一块砚石，一天天甚至一年年，不管世事、风云，他只是刻，不偷工，不减省，不以巧取，不以妙求。一遍遍，他注入的是实在的雕，坚实的刻。

看陈端友，对砚仅有粗浅认识的，我不建议去看。正在做砚，但是仅仅能将石头打刻成砚的，我也不建议去看。那么，做了多年砚的做得比较深入的呢？那也得看，因为，看陈端友，有的看了受益，有的却可能误入。

三十多年前，因为太想知道陈端友的刻砚怎样，我问老师王涧石先生，老师说，关于陈端友的砚，砚界评说得较多的是比较匠气。二十多年前，和方见尘先生聊起陈端友，方见尘说，那是一座高峰，我见了他，也只能绕着走。

2002年，在天津，与蔡鸿茹先生见面，坐下不久，我再次提到陈端友。

蔡老师说，陈端友的砚比较甜、俗。

三个当今制砚或研究砚的专家谈陈端友，各有侧重，各见不同。

垒

俞飞鹏

王老师说的匠气，涉及的已有品位。方先生谈陈端友，说他是一座高峰，指的是雕刻层级。而蔡老师说的甜、俗呢？关乎的是格调。

弹指一挥间，刻砚，我也有了三十多年的历练。刻过很多砚的我，如今，对陈端友的砚怎么看呢？

其一，大多的砚，做的不过是一事，延续或者重复，相同或者近似。陈端友的卓越在独出心机，另辟蹊径，他用前所未有的精工实写，开创了制砚的一片新天地。其二，陈端友的砚，拓宽了砚的表现领域，尤其在技巧上多有创新，堪称独步今古。其三，陈端友的砚，不是石雕、绘画语言的简单套用，他刻砚的难得在不管题材如何不同、构造如何别异，文章始终能围绕砚做。

赏砚，不妨还原一下砚之本来。

以本来论，砚是一器。器，老辈人说，家中木质的桌子、竹质的椅子便是器的一类，木质的称作“木器”，竹质的称为“竹器”。小时候，见过家里有铜质的壶、锅，还有取暖用的铜质火炉。祖母说，那是铜器。

作为器，一方方砚，做成这样而不是那样，里边的曲直、规矩、方圆，蕴含古老的法度器理、审美取向。

关于器，古人常要说到以用为宗。以用为宗，说的是一应的器，应以实在的用作为宗旨。器以用为宗，原意，不知是不是专门用来告诫那些木匠、竹匠及做砚的工匠，让他们在打造器物时，一定要讲究实在的用。因为，一应的器都是拿来用的，用是器之所以，为器的至要、根本。

刻砚是刻，赏砚是赏。

赏砚，要知砚、懂砚，一点也不知砚，如何品嚼、欣赏？

赏砚的痛苦，在看了本不该看的砚。而赏砚的有意思，不尽在知雕刻、懂砚石。

赏砚的至妙在不能不懂、不必太懂。不懂，面砚可能不辨南北东西，太懂砚，亦会失去很多赏的熙熙美好，融融喜乐。

砚上刻有一枚方孔古钱，你可以赏其雕刻的真，也可以爱其色泽，赏其妙巧；你可以认为砚上只刻一钱，蕴含惜墨如金之意，也可以因为看到古钱，心生寥遥古意，链接为人为事，天地方圆。

台北故宫博物院藏有一方顾二娘制的端石蕉叶砚。砚属清宫旧藏，长十四厘米、宽九点六厘米、厚二厘米。此砚，正面砚额处刻有蕉叶两片，池，开的是圆月形，砚背以浅浮手法刻老僧读经图。

下面，我们单说正面的蕉叶。

砚中的蕉叶，一左一右，一上一下，一向一背，两叶彼此有些相交。以雕刻看，蕉叶，一眼看去，不过是平平浅浅地相交。要是砚上刻个三五片蕉叶，画面或会丰富些，可这砚的蕉叶就两片。

砚少不了砚边。这砚的边已然抹去。顾二娘怎么想到要去这砚的边呢？是那凸起的砚边碍眼、牵强，显得做作、多余吗？

对着这砚慢赏，渐渐地读进去了，会觉得，这砚有一脉别样的情怀。它和你一点也不生分，而是水样柔和，让人觉得可人、可爱，可以亲近。

两片蕉叶，下刀是淡的，如迷蒙的月色。叶，你观不到炫技，觉不到轻狂，见不到卖弄，看不到媚俗。蕉叶的美是安静的，很单纯，像空谷的兰叶静静漫放；似幽静的岁月，无甚搅扰；又如山里的日出日落，自然自在。两叶那一点点相交，形如两个吴门君子，又像江南采莲的女子，清秀得淡远，影影绰绰的还有点娇羞。

整方砚清新、淡雅、文气，有厚度，不逞强，去纤弱。

读砚，赏砚，有一有意思的现象，有的砚，一眼看去不错，再看，觉得不过如此，三看，平平常常，觉得已没什么好看；有的砚恰相反，一眼看去平淡无奇，似乎不觉得有什么，可是，再赏看，会觉得越读越有味，魅力、意蕴深藏于不雕琢弄巧的一脉天真中。

想我们平日的刻砚，总怕刻得不够跌宕，总想着如何更凹凸立体，更夺

熙　俞飞鹏

人眼目。我们刻的砚，心思往往花在表面，具的多是表面功夫。顾二娘的砚刻的是什么呢？刻的是她的温馨、柔软。那砚，如随风潜入的好雨，滋润你的心田，又如吴侬软语，温婉得令人心醉。

距离第一次看到蝉形，已然三十多年过去。

工作室里，那方仿制的蝉形砚还在。

它是砚，怎么看都是。

它还是蝉。尽管，这蝉雕刻不取具象，刻画不再写真。

曾经想，不知刻出蝉形这人，如何学的刻砚，得了何方仙人指路，于是生出如此奇思刻得这般意象。曾经有人说，蝉形砚让我们有如得见一个天趣顽皮的孩童，活泼中透着灵性，可爱里蕴含亲近。

海派鼻祖陈端友刻砚一生，多在实地转悠。蕙质兰心的吴门顾二娘，在砚中，不过凝入了些柔软、温婉。而刻出蝉形的这人，面砚石下刀，雕出了空，刻出了无，已可以寓有于无形，于无中生出有。

从一招一式的开砚池，打砚堂，到能够随石赋形，巧色用品，依石就形，因材施艺，一天天刻砚的我们，一会搬来竹石造一枯松，一会写一梅花刻一荷叶。我们可以刻那青山隐约，一溪流水，板桥人家，写古人荷笠而归，雕牧童倚树横笛。我们找来上好砚石，讲究这一名坑那一稀品。我们营造气氛，总想着将一砚刻得极尽妙巧，云蒸霞蔚又风生水起。

在这个时代，想去端州斧柯、婺源龙尾看、了解砚，可以朝发夕至，甚至早出晚归。我们手头有丰富资料、电动工具，可以制出体形硕大的砚，让李白看了自叹不如，东坡看了手足无措。可是，追天成琢素朴也好，求虚涵凝古雅也罢，相比蕴含无尽的蝉形砚，我们的砚路漫漫，远远。

五、一方砚的基本价值来自两方面

一方砚的基本价值来自两方面，一是砚石，二是制砚人的赋予。

砚石没成砚以前，石只是石。

石有石的价值，不管这块砚石是端还是歙，是价值100元的普通砚石还是身价10万元以上的名贵砚石。

砚石上的一个小石眼、一颗小金星，可以一刀略去，亦可以因为人的匠意文心，就此呈现神奇、不凡，绽放异彩。由石到砚，人赋予石的价值，有的体现在成砚之中，有的尽现在成砚之后。

一块石成砚，做，要看怎么做。

只在低值徘徊是做，做得不好不坏是做，做得超值亦是。

技艺成熟于民国时期的制砚大家陈端友，人们在评价他的砚时，有的甚至用了“价值连城”四字，一座城的价值，如何估量？

砚价，这砚和那砚，不时云山雾罩，让人看了一下找不到北。

有的砚，雕刻、石质看起来差不多，大小也相近，此砚与彼砚价格却是天差地远。有的砚不大，价很高。有的看起来很大，以为砚价定然不低，可是看那价格，实实又觉得不高。

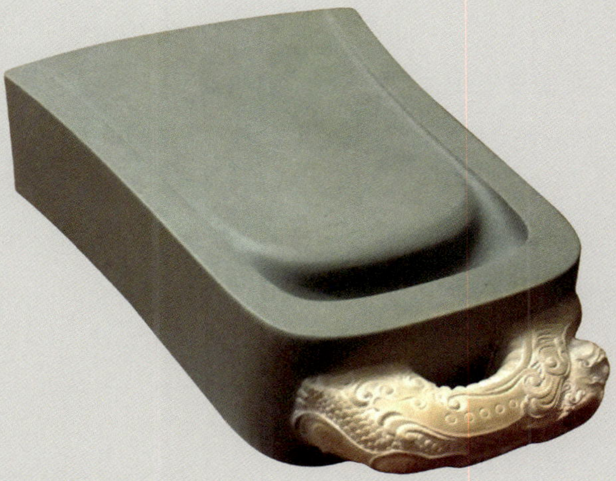

绿端钟样砚　孔繁湛

一石两色。

随石，依色，巧俏，刻造，制砚似乎概莫如此。此砚，不同在于巧俏中的入微、精谨，工细中的匠心独运。

婺源砚市，300元或500元的歙砚也在卖。端砚，几百元一方的砚市上一样有。前几年，一位端砚名家告诉我，他的一方手制绿端竹节，十二寸，成交价是3000元。

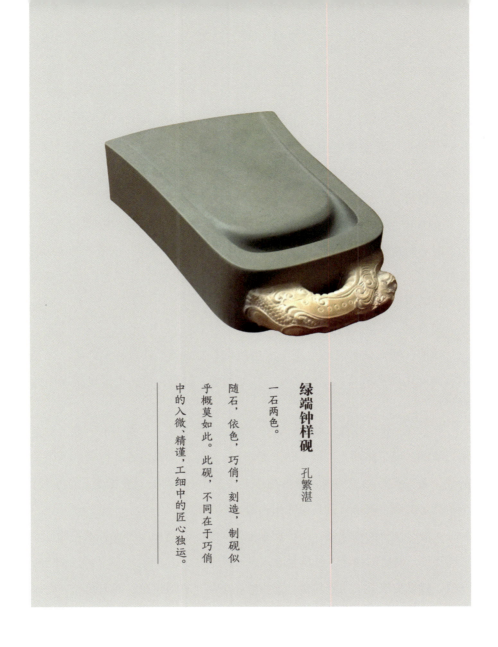

1991年，一方八寸椭圆形苴却砚，价格在200元左右。而当时，花200元在婺源买砚，可以买到上好的精品老坑歙砚。

砚价的走高主要在2000年以后，先是端石上涨，继而是歙石。歙石，

1985年前后，婺源龙尾山，一块八寸大小的老坑石基本价也就20元左右。但是，涨价了的龙尾老坑石，同样八寸大小，最高峰时，一块上品好砚石的价格可以过万元，甚至过两万元。

2009年，肇庆，一个砚师手里不停地摆弄一块薄小的端石片，边摆弄，边要时不时地赞美一下。这样的石片，我想，即便能做砚，也做不出什么像样的砚了，有那么好吗？随行的一位砚家告诉我，这块小石片，出自端砚名坑，若出手，价格随便千元以上。

砚石贵，砚价自然水涨船高。

目前，端砚，价高的是用三大名坑砚石做的砚；歙砚，价高的，也是出自龙尾山的老坑石。除此之外，其他的端、歙砚，价，很多也就在中低端徘徊。

一方砚，价的高低，要看。譬如古砚，都是古砚，一是普通古砚，二是顾二娘制的砚，做的人不同，价自然不同；还有，都是古砚，得看是谁用过的砚，若是皇帝用过的砚，砚价想不上去都不行；再有，看谁藏，苏东坡、米芾藏过的砚，砚价自是高得非同一般。

今砚，砚价的高或低，人的因素亦是关键。尽管做砚有砚种的不同、手法的不一、砚家的各异。但是大的方向一定不易。这方向，主要在两大路径，一类，以低价取胜，主要靠量。另一类，重质，以质主打。两大路径，以比例看，做低价砚的占多数，刻高价砚的是少数。

六、曾经见藏家手上一方久违的砚

藏砚，果断很重要。

一次，在古玩店，见到一方形老砚，雕的是盘松。那天，由于店主要价和我的心里价位有差距，我和这方老砚一瞬错过。现在，价格翻上几番，那方老砚也拿不下来了。

藏砚，贵在见他人所未见。

有藏砚人藏有一砚，那砚，他在一家砚店花300元买下，之后，拿出几千元，专门请名手重新进行修刻。

修刻好的砚，形天成，皮色浑黄，黄是亦深亦浅色彩含混的黄。砚，随石雕成木桩样式，下刀若深若浅，打、雕结合。某些部位，砚手有意强调了树皮的刻画，某些地方，以精雕突出皮的斑驳，而在另一些地方，则又点到为止，甚至一笔带过。

尤其出味的是在砚的显眼处，砚手精心细刻了一只小虫，由此现一下奇趣顿生。

藏砚人说，最初在砚店看到的这块砚，零碎、杂乱，砚上只是粗略地雕了些树皮，下刀单一，处理平浅，可能作者觉得仅做些树皮不行，于是在砚的右边，那儿刚好有凸出的一块料，又刻了点颇为立体的什么也不是的东西。也许是这东西过于丑陋，在那家砚店，它被放了数年。

现在这块修过的砚，怎么估算，都要值个几万元。

看过一方藏砚，大大小小雕了几条龙。藏砚人说，大龙雕在了应雕的位置，小龙也雕在了应雕的地方。这些龙，他认真看过，这样雕或雕成那样，都有说法、讲究，而且经他赏看，砚里还有很多他砚没有的奇绝佳妙。

那砚，藏于家中，平日有专人管理，基本秘不示人。得空，他会合上门，拿出砚，一个人细细赏看一番，很是享受。

为砚，一天忽然行到一处，看到很多藏砚。

那些砚，一方方，有的平置，有的叠起。那些砚是看到就想躲的再熟悉不过的套路模式。有的，石也好砚也罢似曾相识；有的，静静待在那儿，我没见过那砚，那砚也没见过我。

我们去了，给那里带去了一瞬光亮，之后，砚还在那里，那里复归于

漆黑。

不知封闭在那儿的砚，有多久没见到光亮了，一方方砚是否孤寂，会否落寞？

突然觉得，那些砚像是尘封在了那里，一天又一天，甚至年复一年。

看到那些砚，想到做砚的我、我做的砚。

三十多年里，那些我做好或不好的砚，那些有我的雕刻梦，有我心血的砚，现在都在哪儿呢，你们还好吗？

曾经，见藏家手上一方久违的砚，我的眼里满含泪水。那砚，我在构思时经历过很多茶不思饭不想的日夜，雕刻，时而兴奋一路顺风顺水，时而卡在那前进不得后退不能。

我不知道因为什么，在这样一个思考、研究制砚的特殊时段，到那里，看到了那些砚。我去了，还看了，似乎是冥冥之中的安排，似乎我不能不看，无法不看。

炎夏，说不清理还乱的欲说还休的藏砚。

七、藏砚，痴迷型藏家，常常剑走偏锋，特立独行

藏砚，古已有之，比如以自己一豪华宅院，换来米芾一尺多长名砚的宋人苏仲恭，再比如荡尽家产收集佳砚，号“百二砚田富翁”的清代藏砚家金农，还比如一生嗜砚如痴，收藏各式佳砚达千余方的清人高凤翰。

爱砚，藏砚，老外亦有。如毕生收藏中国名砚，卖掉一千平方米房屋，换得十五厘米小砚一方的日本人坂东贯山；又如收购百方中国名砚编印成《百友砚谱》一书的井上恒一；再如收藏中国清末民初《沈氏砚林》刊录的一百五十八方佳砚的桥本关雪等。

藏砚，人不同，方向有别，意趣各异。有的赏砚识砚，藏，就为喜欢；

有的只是跟着砚风藏藏；有的，藏砚带有投机性；有的，藏砚是一投资；有的为砚倾其一生，荡尽家产亦不管不顾，就因为痴迷。

1. 跟风藏砚型

十多年前，在攀枝花，遇一外地人买砚，他说，出差来到这个城市，听说这里的砚很出名，所以特意买一方收藏。更早时候，婺源，一同学要我帮忙挑选龙尾砚，听人介绍龙尾砚后点着念着要收藏。

以类型看，这些浅尝式跟跟，买一两方砚作为收藏的人，多属跟风型藏者。他们大抵知道某一砚好或听说某一砚好，至于这砚究竟怎样，具体好在哪里，多不明白。

跟风藏砚，任何时代都不乏。

跟风者，对砚不会有太多深识，于砚，多会处于大概知道一层。他只是跟，无心知道砚如何，何为好砚，藏砚该如何独具慧眼。于砚，知道好也就是知道，听说好就是个听说。买了砚，不过也就买了，放手里捂捂，有这么个东西就行。

跟风型藏者，跟的是风向，藏这或者藏那，看风，哪边风盛跟哪边。跟也难，在跟着，讲紧跟，要跟上。是否坚持一门心思跟砚，看的是砚风，砚风劲，他跟砚；砚风不对，他转向。

跟风之可能转为他型，要跟的爱砚人是谁，遇的是谁的砚。

2. 投机藏砚型

投机或投资，相对来说，投机型短，投资型长。

投机藏砚型，是赌一把的类型。赌到了兴高采烈的有之，赌不到怨天尤人者亦不乏。

投机型，投的是钱，藏的是机会。何时投，投多少，讲的是时机。投机型藏砚的特点在速战速决，重一时效应。有机会挣钱，投钱买砚挣个一两把，没机会，不买就是了。投机型买砚，量多不会大，一般不会跟紧某个砚种或某一砚家，进行分析、研究，长期投入。

3. 投资藏砚型

投资型，藏砚的一个关键类型。砚业的幸与不幸，兴或不兴，从某个角度看，和投资人的多少密切关联，在有一群什么样的投资人。

就藏砚看，大多数的藏砚人属投资型。尽管，投资型中有这样的人，他们重投资效益，将利益摆放第一，他们习惯看利下注，有利就投，无利不投。但是，投资型中的确有那么一部分人，他们投砚，要么不关注，一旦关注，多会静下身心，对砚种、砚家进行一番深入了解研析。

投资型一旦下手，多用心投入，其中不乏大投，还可能长期注投。此是投资型与投机型的最大不同。

4. 赏识藏砚型

赏识型，藏砚理性，识砚有高度。

对砚，他们会有一番别看。一砚刻得多或少，意象或者具体，规范刻法或者随形施艺，他们自有论断。

赏识者，多有一定的学问素养，喜看一砚的意境、意蕴，有的具有一定的身份地位，有较充裕的积蓄，有时间看砚，论砚。藏砚型不会考虑投资投机，而是一心藏砚，心喜有好砚。

赏识藏砚型，可以由砚及人，比较研究。对真正的砚者而言，得遇这样的藏家最是难得。

5. 痴迷藏砚型

痴迷型，为砚，可以兴致勃勃更深夜半起床。

痴迷型迷起砚来，可以亲自做砚、磨砚。他们会为在砚石上磨出金星兴奋，也会为磨坏金星磨没了金星懊恼。

出生于咸丰年间的江苏常熟人沈石友就是一典型的痴迷型藏家。

沈石友藏砚的规模很大，端砚、歙砚、洮河、澄泥皆有。他具体收藏了多少砚，没人知道。许就是一百五十八方，许近二百方，也许更多。

痴迷型藏砚者时常入了砚，一天天，他念的想的多是砚，看到砚就不得了，恨不能全都买下抱回家里藏起。痴迷型，只是痴，藏起砚来不一定理智，识砚断砚也不一定深入。

痴迷型，买砚痴，迷起某个砚家来也痴。藏砚，他们常常剑走偏锋特立独行，义无反顾，可能，他们会因为藏砚发迹，腾达，也可能为砚弄得一贫如洗。

这一型藏砚者，多半，要砚而不要命。

八、藏砚的高级阶段，在砚本身的成砚如何，涵蕴怎样

砚的藏家是砚类的伟大推手。

一个砚类的兴或不兴，与砚藏家的眼光、实力、层次、高度密不可分。

苏州，待在专诸巷刻砚的顾二娘与写出"一寸干将切紫泥，专诸门巷日初西。如何轧轧鸣机手，割遍端州十里溪"的藏家黄任相关。

20世纪50年代还待在上海华东艺专的陈端友，刻砚，与藏家亦脱不了干系。

陈端友，江苏常熟县王市镇人。早年家贫，无钱读书，至13岁才入私塾就读。15岁时，因父亲去世，不得已辍学，后随其母、姐姐到无锡投亲。光绪三十三年（1907）靠伯父关系进入"问古斋裱画铺"当学徒，师从扬州著名琢砚能手、"问古斋"主人张太平学习刻砚。

民国元年（1912），陈端友随张氏到上海，开店制砚。民国六年（1917），陈端友参加"海上题襟馆金石书画会"，结识著名画家吴昌硕、贺天健、张石园等，并从山阴堇叔为师。

刻砚的陈端友，先后结识好收藏尤好藏砚的海上名医徐小圃、余云岫。二人延请陈端友住宿其家，给予优厚待遇，条件是为他们刻些砚。

陈端友一生制砚不多，所制之砚大多归于二人。中华人民共和国成立前

夕，徐携砚去了台湾，留在上海的余云岫所藏之砚，后为上海博物馆收藏。

藏砚，藏不同于买。藏砚，藏一方砚或一批砚，不一定是因为需要。

值得买入珍藏的砚都是些什么砚呢？第一，不是遍地都是。第二，不是想买就能买到，错过一次可能意味着错过一生。第三，对做砚人而言，一样靠遇，可遇而不可求。

要藏到好砚，买到对的，如何做呢？其中方法，说一千道一万，不外乎多熟悉砚，多向懂砚的人了解砚。多看，多读，于藏砚都有裨益。读砚，读与砚相关的文字，对制砚人多做些深入细察，多和他们交流、交谈。

新砚收藏，起步多从看砚石开始。

能辨出砚石优劣，兼而能看砚的刻工，可谓砚藏的第二阶段。

看砚石，看工，同时能看砚的创意，这是藏砚的第三阶段。

重砚，同时兼顾砚石，应是藏砚的第四阶段。

重砚，具体说，重什么呢？其一，重制砚的功力、渊源。有功力的砚，做线条，开砚池，打砚堂，定然学有渊源，一招一式严谨而见尺度。从整体看，凹凸、比例、造型、状物、手法恰当而到位。其二，重砚的独创性。好的砚，建构在传继基础之上。它是砚，但不再是流于一般的砚。

藏砚的高级阶段在砚。

高级阶段的藏砚，不拘于用，不泥于形，不纠结是否老坑石、名贵稀品，不唯求端砚的鱼脑冻、歙砚的雁湖眉，甚至苴却砚的石眼有多少。高级阶段的藏砚，不看名家名头，而在砚本身的成砚如何，涵蕴怎样。

九、藏砚，砚是否独创，最得我看重

藏砚，遇有老坑石砚，是否毫不犹豫下手收藏？

藏，当然也非不可。不过，注重砚石同时看看砚的创意，注意一下雕刻如何，再进行收藏考量，自是更好。

收藏古砚要视具体情况。一是看是否真为古砚，二是一定要留心假得可以乱真的赝品。

藏砚的人群中，有一类藏家，他们的目光聚拢在石品上，认为藏砚着重在好石品。是不是石品好就是好砚呢？ 当然不是。砚好不好关键在砚。石品再好，仅仅是砚石好。

那么，砚池、砚堂齐备，有雕刻功夫，砚雕得如画一般，这样的砚是否就是值得收藏的好砚呢？

做砚，池、堂是要素。砚池、砚堂齐备是基本要求。至于砚池、砚堂齐备是否就是好砚，要看。

雕刻功夫是制砚的砚内功夫，是做出好砚的必要条件。藏砚，藏有雕刻功夫的砚，方向不可谓不对，不过，还得看如何因材造境，是否应物象形随石生发，下刀是否有灵性，见文心。若一方砚样式陈旧，构造老套，即便雕刻具点功夫，依然没多大价值。

至于雕得像一幅画，我以为，好砚不在于像什么，全在砚要好。

好砚，一要好在雕刻。一个砚内功夫成问题的制砚者，很难让人相信他能做出好砚。二要好在艺术，比如设计、构筑、因材、意境等。三要好在砚石。比如石形、质性、石品等。四是砚味要好。得具砚的语言，得有浓郁砚味，得是一方砚，而非一幅画。

藏砚，得我喜欢的砚，说多也多。

方正、古典的砚式，或严谨，或端庄，或格律，或鲜活，这些砚样，尽管看了又看，还是一如地喜爱看。

有些砚，色彩确实好看，令人觉得一应的人为雕刻都显得苍白无力而了无意义。

砚石的石品，比如青如碧翠而浑若金瞳的石眼；又如细如微尘而隐隐浮现的青花；再如歙石的细雨金星、水浪纹、雁湖眉，我看了也喜欢。

做工一看就严谨、精细的端、歙砚，哪怕素式，哪怕只是仿宋、明式砚，我都会喜欢。如若砚上还有我喜欢的石品，比如端砚的青花、石眼，歙砚的水浪、金星等，自是更好。

一次，到吉林白山，看到几方小砚，心忽忽地动了，当即就想着选两方作为收藏，把玩也好，赏读也罢。

关于藏砚，对于制砚人的我，当然着重制砚功力。

我不看好的砚，一是非原创作品。即所刻之砚，图式、面貌非作者原创。二是看起来过得去但说不上好的一类砚。三是复制，反复出现的一类砚。

藏砚，砚是否独创，最得我看重。

好的砚，建构在传继基础之上。它是砚，但不再是流于一般的砚。古人早已做过，市面上寻常得见，陈旧题材加上陈旧手法，一方接一方，砚砚如出一辙，这样的砚，当然是一般的砚。

一般的砚，于我，再多都算不上是珍藏，藏得再多也是一般。

十、那些藏砚，要都在，现在至少值 1.58 亿元

写他，缘于忽来的思想。

太多的长夜，我遥想过他的藏砚。想他如何爱砚痴砚，想他藏砚的苦乐和酸甜。

就因为喜欢，为那些砚，他乐此不疲地一方方找寻，掂量，比较，甄别，讨价还价，一次次来回奔波，直到将砚抱回家。命名时的赏看，搬移，腾挪，把玩，反复，作铭时的搜肠刮肚殚思竭虑。其间，有多少的朝光暮霭悲喜交加阴晴显晦柳暗花明。

时逢乱世，他收藏的一百五十八方砚随着他的消逝，带着无奈和感伤，一方方漂洋过海，颠来倒去到了一个叫日本的陌生国度。

有说，身处异国的那些砚在战火纷飞的1945年多已失落，不知所踪。

有人著文，现在花1000万元已买不到他藏的(《沈氏砚林》)五方砚。

想想，那些砚，要都在，以一方100万元算，《沈氏砚林》的一百五十八方砚，现在的身价是1.58亿元。

他就是中国近代藏砚大家沈石友。

2008年，杭州，西泠春拍，沈石友、周药坡铭端石蕉白砚，估价为10万~15万元人民币，成交价为61.6万元人民币。

2009年，杭州，西泠秋拍，吴昌硕、沈石友、邵松年铭和轩氏紫云砚，估价为80万~120万元人民币，成交价为548.8万元人民币。

2010年，西泠春拍，吴昌硕、沈石友铭石破天惊砚，估价为80万~150万元人民币，成交价为235.2万元人民币。

2010年西泠秋拍，吴昌硕、沈石友、萧蜕铭端石夔龙砚，估价为80万~120万元人民币，成交价为246.4万元人民币。

2014年，西泠秋拍，吴昌硕铭，沈石友藏端石牧牛砚，估价为150万~250万元人民币，成交价为299万元人民币。

2015年，日本东京中央香港春拍，簉在月明楼砚，估价为100万~150万元港币，成交价为172.5万元港币。

2015年9月5日，日本东京中央创立五周年秋拍，沈石友藏的一方生圹后志砚，以432万元人民币被香港爱家买下。

沈石友，江苏常熟人。1858年生，谢世于1917年。本名汝瑾，字公周，号石友。别署钝居士，室名簉在月明楼、月玲珑馆、师尖斋、鸣坚白斋，著有《鸣坚白斋诗集》。他工诗词，以诗名。家藏金石书画，尤专于砚，所蓄多是古砚。

沈石友，家道殷实，财力丰厚。

有财力，可以做很多事。可是，他就爱收藏。做收藏，藏珠宝玉石古董字画，都是藏，有意思的是，他把目光聚焦到了砚上，这是砚之幸。

沈石友谢世第六年，他的儿子沈若怀将他收藏的一百五十八方砚，一方方拓印，编印成一本砚谱，共四卷一百部，是为《沈氏砚林》。

关于《沈氏砚林》，说法有二，一说古有《西清砚谱》，今有《沈氏砚林》。一说《沈氏砚林》堪比砚中的《石渠宝笈》！

《西清砚谱》是一部有史以来汇聚名砚最全的大型典藏级砚谱，主编是乾隆皇帝。

《石渠宝笈》是一部给当代藏家带来极大安全感的具皇家品位的大型著录文献。同一个艺术家的作品，即便水准相当，是否入选《石渠宝笈》，有时会导致价格相差十倍以上。

沈石友藏砚，与一个人特别有关联，这就是大画家吴昌硕。

25岁时，经朋友吴云介绍，沈石友结识了大自己14岁的吴昌硕。从此，两人趣味相投，相交甚笃，直到1917年沈石友去世，友情维系了三十多年。

三十多年里，吴昌硕常替沈石友收集古砖、篆刻、铭文。而沈石友常以家中收藏供吴昌硕增识，细品，并以经济资助吴昌硕学艺。吴沈两人都爱作诗，常在一起吟诵，切磋诗艺。沈石友相当一部分藏砚都留下了吴昌硕的印迹。

沈石友藏砚，喜好收藏古典人物类，藏有玉溪生（李商隐）像砚、苏阿翠像砚（上有明末秦淮名妓、诗人、画家马守贞湘兰题记）、李易安（李清照）像砚、黄文节公（黄庭坚）像砚等。

他藏砚，不仅在藏，还有两大嗜好，一是他爱给自己收藏的砚取名；二是到手的砚，多要亲自作铭。

有一砚，素式，长方规矩形，沈石友藏了，为其取名“方正平直砚”，并自作砚铭："方正平直，为人之则，诐辞邪说毋污墨。"

端石蕉白砚，砚铭："含英咀华，其神奕奕。圭璧重之，可以十五城易，股掌玩之，堪疗米颠之癖。"

生圹后志砚，边款："欲补天。谁炼石。身未化。志再刻。日月蚀。石不泐。一寸心。共坚白。丙辰秋。"

有一砚，上有残损，他收藏后，（见《沈氏砚林》第八砚），取名"学易砚"，不仅自铭"人所残遇我则全"，还请吴昌硕、赵石作了砚铭。

说到沈石友的藏砚，还要提一人，这就是桥本关雪，一个收藏了《沈氏砚林》一百五十八方藏砚的日本人。

桥本关雪（1883—1945），日本著名画家，汉学家。历经明治、大正、昭和三个朝代，为大正、昭和年间关西画坛泰斗，日本关东画派领袖。

桥本关雪，本名关一，后改名贯一，又名房弘，字士道。号涧雪散人、龙吟、顽拙道人、四明狂客、关雪狂客、"白沙村庄"主人等。斋号懒云洞。喜汉学，好藏砚。精于山水、花鸟，尤善画狐等动物。书画用印有"日暖熙和""永日藏印""白文绕笔"等。晚年主画动物，画风融合日本18—19世纪以降的圆山、四条、南画（日本亦称南宗画或文人画）诸画派与东方表意手法。

自1914年起，桥本关雪来往中国三十多次。1928年，他曾在上海举办画展。桥本关雪推崇并精通中国文化，尤喜石涛，出版有《石涛》（日文版），与不少中国艺术家过从甚密，与潘天寿、傅抱石、刘海粟、梅兰芳友善，与吴昌硕、王一亭等为至交。篆刻家钱瘦铁（1897—1967）曾于1923年来到桥本关雪位于京都的住所白沙邨庄居住一年，与桥本关雪交游亦深。

桥本关雪与这一百五十八方砚的牵连是在沈石友谢世以后。

其时的沈家财力渐尽，日见没落，为了度日，沈夫人打算出让这批珍贵的藏砚。

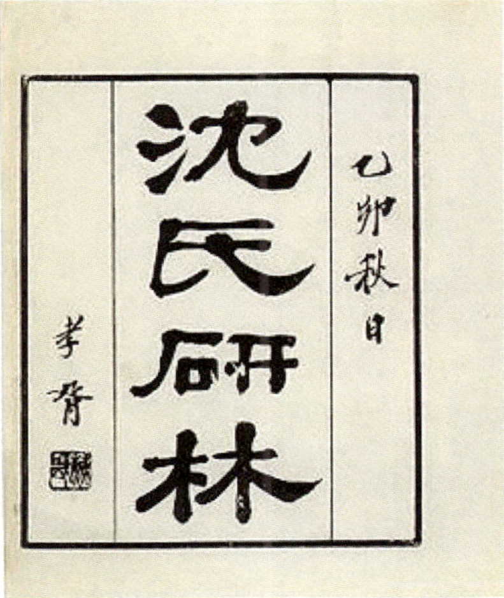

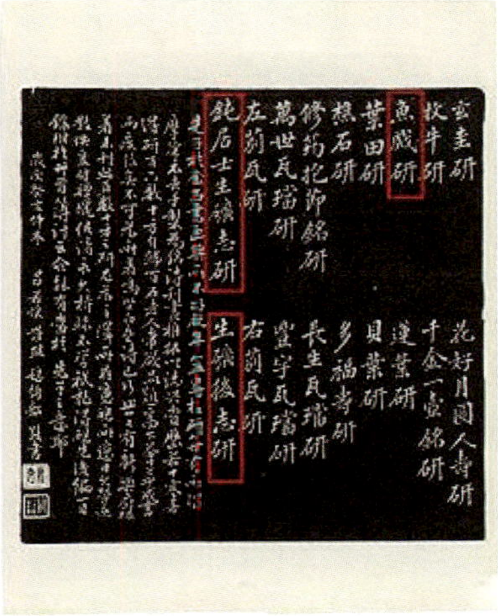

昭和三年（1928），在钱瘦铁、唐吉生的建议下，桥本关雪买下《沈氏砚林》的一百五十八方藏砚。

桥本关雪过世的昭和二十年（1945），这批砚有的失落，有的毁于战火，有的不知所踪，有的辗转藏到了台北故宫博物院，至今，《沈氏砚林》里的藏砚存世总量在30万～50万方。

不管《沈氏砚林》藏砚存留多少，有爱家说，只有见一方算一方。

自2008年始，杭州西泠印社陆续拍过《沈氏砚林》藏砚，开初，时见一方，两方，甚至每一季拍卖都有呈现，到如今，沈氏藏砚已踪影难觅。近三年，日本东京中央拍卖断续拿到两三方沈氏藏砚，但无论怎样，现在要再拥有一方《沈氏砚林》藏砚，需要的已不仅是钱，还要有足够的机缘！

都说收藏靠捂，收藏，关键在捂得住。

一方方聚拢到这些砚的沈家，没能捂住这批砚。买到这批砚，将这批砚带到日本的桥本关雪，也没能将砚捂到最后。

世事难料，或，这也是世事令人玩味之所在。

就在沈石友去世的那年冬天，他的一个常熟老乡关闭了师父开在上海的砚店，开始在家里刻砚，进而参加了“海上提襟馆金石书画会”并结识了吴昌硕。那年，这人25岁。他就是日后成为砚林巨匠的陈端友。

想那时，要是沈石友健在，沈石友、陈端友能经常在一块儿，不知道会生出多少山高水长的砚林佳话。

还有，若非战乱，陈端友的日子可能不会过得那么拮据，砚，可能会多刻许多方，桥本关雪和他可能会有来往，很多砚未必留在如今的上海。

在我还不醒事的早岁，在婺源大广场上，曾经山一般堆积了近千方古砚。每天，有专人在那儿，用铁锤敲砸，先砸得四分五裂，再粉身碎骨。

又几年，安徽，邻近婺源的一个小县城，老旧的砚，一两元钱可以收购一方，那些砚，有说，后来都到了日本。

砚人，砚遇，归去来兮，不幸与有幸。

卷六

浮华，富丽，堆砌，热闹，不一定砚手都会经过，我经过了吗？吝雕，脱俗，不做作，回归本来，我回到没？

在亲历的砚业生长的近十来年，我知道很多城市、乡村冒出了不少以砚为业的砚工。他们大多不知道入这一行前程怎样，命运如何，不知道刻砚为了什么，这世界究竟还有多少人在用砚、需要砚，他们甚至不知道雕龙是否就等于雕砚，该怎么正确雕刻一砚。

刻砚，曾经一个劲地折腾砚石，折磨自己。

制砚，不仅在制。制砚的高层面在砚里，又不仅在砚里。

制砚大家不应只是继承制砚的功夫技能。真正的制砚大家是综合了很多要素经由了很多努力的卓然成家。

一、这样的天光云影日出日落

写点文字，刻刻砚，寒来暑往冬去春来，日子就这么一天天流逝。

刻砚，或老端，或歙石，或山坑，或水坑，一小块苴却石，浅浅的绿，像细雨中的荷。我雕着，刻着，拿起看看，复继续。一抹云霓，几经雕刻，觉得不甚满意，于是推倒重来。

面一石，翻来覆去琢磨，勾勒，敲，铲，打，切，刻。只是做砚。

敲，是可以想怎么深就怎么深，可是，又不能全由自己。刻，知道何处该用哪把刻刀，知道雕刻之后会是如何。过去以为池是那样的池，现在不一定还那样。过去，拉得痛快的砚边刻得烂熟的图饰，现在或抹去，或重拾，或越过，或推翻重来。

浮华，富丽，堆砌，热闹，不一定砚手都会经过，我经过了吗？齐雕，脱俗，不做作，回归本来，我回到没？

山海经　俞飞鹏

时，拿起刻刀做砚，会定在那儿。是觉得那砚做回到从前了，还是做做便做不下去了，或者觉得没必要做下去？

时，兴之所至心血来潮，一径只是刻，那架势颇像暗夜里要赶的城市末班车，不抓紧便坐不上去。过去的很多年很多天，有的只是做或不做，有的只是做什么不做什么，有的只是手法面目自性自由语不惊人砚不休，没考虑时光，没想过要用一根长绳系住日子，紧紧拽住不让翻过。

砚要好看吗？要。砚要好卖吗？要。尽管好看好卖的砚不等于好砚。尽管刻砚不是买卖，买卖归于买卖。

工作室的砚增了又少。刻，顺着下刀路径，时而三锤两望不时走走停停。那些过去或现下、热烈抑或澄静、浑朴抑或清空的砚，是的，是我一路刻过来的砚。时，突然会发问，那些亦方亦圆亦实亦写的砚会一直伴随我，属于我吗？似乎是。往远想呢？不过也只是现在是。

这个世界，冥冥之中存在太多的舍与得，究竟什么是自己的，什么不是自己的？现在是的，将来未必是。许什么都是，可能什么都不是。是自己的还可能不是，不是自己的又若何？

多半在深夜翻来覆去欲睡不能，看窗帘摇来晃去复又落下，听窗外雨声滴答，抑或远处传来的脆响，忽然觉得有什么在心田汇聚似要形成什么，于是披衣起床，相向电脑坐那位置。时而，灵感忽来文思顺畅只在早上，敲出一段松梧梅竹或渔樵问答。

又一天的车水马龙，又一天的熙来熙往。

常常，人到工作室面对砚石，那些不得不暂停的文字依然在脑海里萦绕，挥之不去。那时，文字令我望砚石木然发呆思绪全无，甚至不是一时，而是上午连接下午直到太阳落山夜幕降临。

时常因了文字，我看不到砚石上的云山、清溪、板桥、人家，寻不着松鳞、泉石、竹鹤、蕉荷。大脑里的很多砚，方形圆式、唐箕宋抄、蝉形月样、明砚清砚，似乎全都没了。往日里印象清晰的猫捕蝶砚，历历在目的朱砂红荷鱼，还有那端、歙、松花、澄泥，云蝠、书卷、山水、松竹，顾二娘的芭蕉、洞天一品，陈端友的蘑菇、古泉端砚，有的样式高古，有的造像严谨，一下都不知道去了哪里。

回过神来，心中免不了要怪那些文字，觉得是那些文字抢走了我刻砚的时间。我的飞扬神思感觉灵性，让我直面砚石茫然木然不知所以，这样想着，

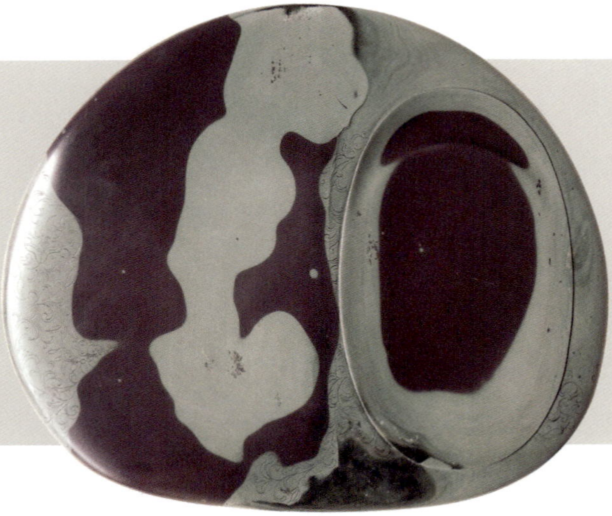

青花瓷　俞飞鹏

心里多半要下那决心，想着和文字做一揖别。

刻，我喜欢直面砚石的一刀刀、一遍遍，那里，融入的不仅是自己的美好。心悦那一刀刀的过程，或平口，或圆刀，或圆融，或坚劲。

刻，不想一味重复，不愿陶醉在古人天地，日复一日。

面砚石而相，看灵感如忽闪的沙粒，忽而飞来忽而转去，似有又无若隐或现。看一块块砚石，坏坏的继续使坏，狡诈的仍旧狡诈，蛮横的依然蛮横，阴险的还是阴险，厚道的依然厚道。

相伴这石那石，任其奇形怪状，开池，作堂，起线，琢磨。更多时候，面对砚石只是铲刻，看砚石一径开呵，块面逐渐柔和，骨性逐渐坚韧。砚，在剥落中渐渐凹出池堂，浮出气象。

这样的天光云影日出日落松月荷风，一天复一天，直到写的感觉再次袭来，于是手痒的我又坐到键盘前敲文字，夜里抑或清晨。

二、早岁刻砚，有一段，爱挑选砚石

制砚，可以说就是制作用具。

作为用具，砚只要做得大小适度，深浅得宜，使用时能便利研磨，留水贮墨，就可以了。开池，挖堂，起线，池该深深点，堂需平平点，线要做直就直做，要弧圆就弧圆。

制砚，不必都讲究艺术的外形，要造出什么别致的样式，要有奇异的石品、好看的石色，要构思巧妙，要因材施艺，要随砚石的色彩刻图镂花。

为砚的材料，出现过诸如铜、铁、水晶、象牙、玛瑙、翡翠、泥、木、锡、金、银等多种质地。

砚不仅仅是一砚是石的再现。石的再度入砚，让砚的一切就此有了无尽的纷繁与绚丽。

早岁刻砚，有一段，爱挑选砚石。

二十多年前，在攀枝花，曾经就这一个话题，我和一个外省来的知名砚家聊过。我问，到砚石产地，或端或歙，面对任挑选的一地砚石，你挑什么样的砚石呢，是挑端石的鸲鹆眼，还是挑歙石的金星、金晕？

挑砚石，面对歙石，挑金星，挑金晕，挑老坑，挑雁湖对眉的不乏；面对端石，挑鸲鹆眼，挑鱼脑冻亦很正常。

这位砚家怎么回答呢？他说，挑砚石，他还是爱挑看着来感觉的砚石，而非先找稀珍石品。

刻砚，挑有珍稀石品的砚石是挑，挑有感觉的砚石也是挑。刻砚，挑石品，挑老坑，挑石形，都是刻砚诸多经由中的一个阶段。

刻砚，有人习惯于雕刻品色不错的老坑石，爱在好砚石上锦上添花。有人面砚石，独爱找那有雕刻感觉的砚石。刻砚，石品有石品的珍稀，老坑石有老坑石的价值。面砚石刻砚，找有感觉的砚石刻，总胜于面对没感觉的砚石一再坐着发呆。

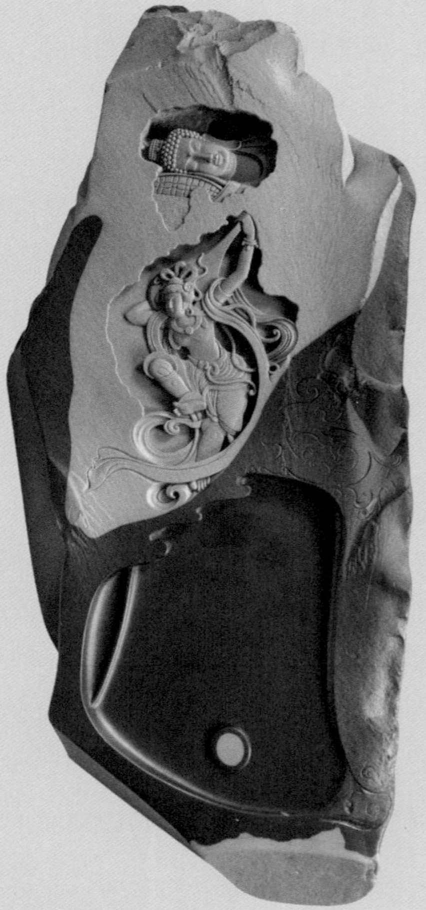

舞　林庆华

一石两色。平面，凹下。

作者试图在无中造出什么。砚，欢快，跳荡，梦幻。下刀严谨而见尺度，刻，深入细理，别见精到。

不过，制砚的更高层次或更高层级的制砚，在不挑砚石。

总是挑砚石，在这样或那样的砚石里翻来覆去找感觉，说明制砚的修炼还不够，制砚还处于某一阶段，还没达到一定层面。

打打刻刻雕雕，刻砚，置身其中已多个年头。

那里边的松月、荷塘、溪桥、人家，是砚的，也有如我的。时而，我随砚里的流云忽来忽去，不时，直面砚石，想象山的空清、葱茏。

雕刻，忽高忽低忽深忽浅，忽强忽弱忽刚忽柔，那些个忽，由着你随着你，都是你的边刻边忽吗？许是我，因了这忽上了砚，许是砚，忽了我许多本应有的雪月风花，似水流年。

曾经一个劲儿地折腾砚石，折磨自己，沉迷其间没个消停。

如今，刻端刻歙，刻金田黄、绿萝玉、眉子、金星，只是刻。

不时会神游，想那做十二峰陶砚的前辈，或就是个衣着随便，甚至光着膀子做砚的清瘦老头。他和着泥，想用这泥做个什么玩意儿，想让山峰呈耸立状，于是边和边揉，边想边做，这里高耸一点，那里寥落一下，十二座山峰，一座座立了起来。

三、刻砚，形如登山，有歇息，有翻越

制砚，时，拿起刻刀便放不下，一发而不可收。时，雕着刻着便刻不下去了。一发而不可收时，多半是刻得正兴，而刻不下去时，并不全是因为技。

一个夜里，在攀枝花聊砚。

坐在一起的，一边是中国文房四宝协会的专家和领导，一边是我这个巴国布衣刻砚匠人。我们打开话匣子，谈优势明显特色突出风貌传统的端，说清风明月如诗如画性状内敛的歙。

在攀枝花谈砚，当然涉及苴却砚。

到攀枝花的协会专家和领导，自然要聊到他们认识哪几个砚师，都见过什么砚作，哪一家的制砚如何，问题出在哪里，等等。

苴却砚，平心而论，由摸索起步到探索创作，这些年，年轻的苴却砚就规模、砚艺而言，一直都在进步，虽然前行中的苴却砚有这样或那样的不足，相比实力雄厚的端砚、歙砚，距离还远。

我爱刻砚。知道学做砚先得入这门道，懂这一行当。

知道一个砚人明白怎样做砚了，可以沿着已知熟路开池起线，用工用技，十天一龙，五天一凤，一直做下去；知道，砚有砚的语言、特质、性状，做砚做的是砚，而非只是在砚石上雕东西；知道制砚，做出是砚的砚，不过是能制砚而已。端砚，有很多人会做这样的砚，歙砚，亦有很多人能做。知道刻砚，哪怕日夜用功，拼一生去钻研刻画，也不一定就能刻出好砚，结出慧果，出一两方惊世名砚。

做砚，打打刻刻，我们究竟在做什么，要做什么呢？怎么做一方砚，想来不是大问题，但定然是一问题。做砚，往根须底里看，颠来倒去，做的是手艺活。手艺活，重要的一个环节便是手工要过硬。可是手头功夫再好，也仅仅是手头功夫。

刻砚的我，知道没有砚理的刻砚有多无聊；知道刻砚，随石因材随心形艺，随石相对好办，随心确乎不易。

制砚，简单吗？

说简单也简单，君不见一台台机器轰隆着做砚，一会儿便做出来一方砚。

谁能说机器做的就不是砚呢？

刻砚，走走停停。其中徘徊，进步，留驻，回望，都是刻砚的常态。

刻砚，形如登山，有歇息，有翻越。翻越一座座高山，你以为很高了，其实山外有山，天外有天，不远处仍会有更高的山在等着你。

刻砚，功夫不仅在手头；刻砚，经天地而通大道。看似小技的刻砚，里边交集了太多的修行。

战国　俞飞鹏

宋人论画，见有这样一段文字：世人只知吾落笔作画，都不知画非易事。庄子说画史“解衣盘礴”，此真得画家之法。人须养得胸中宽快，意思悦通，如所谓易直子谅，油然之心生，则人之笑啼情状，物之尖斜偃侧，自然布列于心中，不觉见之于笔下。晋人顾恺之必构层楼以为画所，此见古之达士！不然，则志意已抑郁涩滞，局在一曲，如何得写貌物情，摅发人思哉！假如工人斫琴得峄阳孤桐，巧手妙意洞然于中，则朴材在地，枝叶未披，而雷氏成琴，晓然已在于目。其意烦体悖，拙鲁闷嘿之人，见铦凿利刀，不知下手之处，焉得焦尾玉声扬音于清风流水哉！更如前人言“诗是无形画，画是有形诗”，哲人多理之谈，此言吾人所师。余因暇日阅晋唐古今诗什，其中佳句有道尽人腹中之事，有装出人目前之景，然不因静居燕坐，明窗净几，一炷炉香，万虑消沉，则佳句好意亦看不出，幽情美趣亦想不成，即画之生意亦岂易！有及乎境界已熟，心手已应，方始纵横中度，左右逢源。

养性，静处，读书，修心，致一，然后有油然之心生，得自然之列布，方始见不觉于笔下，作画如斯，刻砚亦当如是。

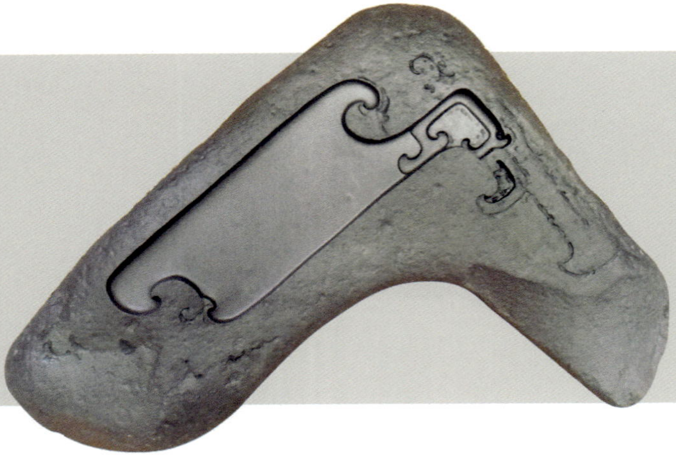

秦月 俞飞鹏

四、刻砚，情怀，心态，砚感，刀味

面一砚，制砚人习惯看刀工底里，比如平刀施入的平整度，刀角切入的利落、劲净，圆刀施入的圆融感等。善雕龙的爱寻那云龙砚看，雕山水的亦会寻那山水砚刻，细细嚼，慢慢品。一砚刻画的细腻程度，制砚人自是爱看。还有，看到好的砚料，他们的眼睛多会发亮。看到用料、应材俱佳的砚作，他们大多会一看再看，边琢磨边看。

入龙尾砚厂的当年，有满头鹤发的砚师，有一批师兄师姐，他们刻砚各有所长，有的松树刻得苍老，有的云龙刻得飘逸，有的独擅花鸟，有的仿古砚一绝。

离开婺源数年后，“横看成岭侧成峰”，制砚同行已然各有情形各不同。有的住豪宅，有的开名车，有的每天只是相伴冰冷砚石，搬，敲，打，锯。滴水成冰的日子，他们得刻砚，得接触冷水。热天，淌着汗，在石渣飞溅的窄小天地，围着砚石，要不停地打，雕，铲，刻。

在亲历的砚业生长的近十来年，我知道很多城市、乡村冒出了不少以砚为业的砚工。他们大多不知道入这一行前程怎样，命运如何，不知道刻砚为了什么，这世界究竟还有多少人在用砚、需要砚，他们甚至不知道雕龙是否就等于雕砚，该怎么正确雕刻一砚。

许，先是看人做砚，自己跟着就喜欢并做上了砚；许，因了一个特殊的机缘入了这一行，做着做着，不知不觉沉浮在砚里；许，做砚不为其他，只是生活所迫，生计需要。

刻砚，看着是将石头琢刻成砚，敲敲打打雕雕，一方砚就这么蹦跳出来了。可是，雕个古人，古人是怎样的发式、衣着，得要了解。要雕好古人，结构、造型等，若不会画或造不好型，刻起来肯定特别吃力。雕，平刀是平刀，圆刀是圆刀，刀如何去走，个中还有那机缘、灵性、巧妙、底里。用刀，一点点雕，雕像一人不易，而像，不过只是雕好一人的基本要求而已。

刻砚，入了这一行当，雕人刻物，好不好都得刻。有时，混迹在业内，一个会刻砚的人，不一定就刻砚，可能一天天只是做些选料、开石、切割、粗磨等杂活。

有的会刻砚，今天刻一松树，明天刻一梅花，只是刻。

有的自刻自卖，既是雕刻砚工，也是销售员和采购员。

有的刻一天是一天，或在砚厂打工帮老板刻砚，或只是帮这人、那人雕刻，落袋一点雕刻工钱。

有的，开池起线下刀，一招一式，过去怎么做，现在还那样。雕一荷叶，叶片怎么走，叶脉怎么刻，根茎如何做，只按师父教的做。有人专事复古。古砚是哪样，一是一，二是二，完全按古人的办。有人做砚，一个模式的砚，今天做了明天做，这月雕了下月雕。有人将好卖放在第一位。只要好卖，天天雕一砚样也不在乎。

砚石不贵时，没想着要买些砚石囤起。砚石涨价了，金贵了，为生计，也得买。不买，手里没有砚石做砚，买下砚石，刻好一砚，要找路子卖。

生意不好时守着生意，守着刻出的那砚。

有个刻砚人只雕得来一种题材 —— 凤。前几年，凤砚好卖时，他生意不错，一年下来，工钱能拿十多万元，现在，凤砚不好卖了，他一天天还在刻着凤砚。我对他说，凤砚不好卖了，要不改个题材吧，他说，不了，改不了啦！年岁不小了，就这样，不改了，看着刻吧。

他刻砚，刻一方，往家里搬一方，家里已堆了不少砚。

刻砚，时，要刻的那砚，延续前一天的凸凹，心游；时，那砚让人看着有了新感觉；时，坐下便开刻，就想推倒前一天的不对，从头再来。

刻砚，情怀，心态，砚感，刀味。

普遍看，刻砚的前十年，有迷惘、反复、痛苦、兴奋。刻砚的不少得意，发端于这十年。日后许多美好的憧憬，亦缘起于这十年。

再十年，抑或复十年，画也好，刻也罢，你能得之于心，顺乎于手吗？

制砚的做不到，在还没行到。

刻砚，可以一边刻，一边烟来酒去迎来送往；也可以静静地待在一个地方，不问世事，经千淘万漉历千辛万苦，只埋头一砚。

刻砚，怎么刻都是为。

你怎么对待手里的砚，砚日后自会怎么对待你。

刻砚，一应的刻，只是技的层面。可是一砚，讲斯文见素朴，自然也好丰富也罢，那里边定然不仅在刻砚的手头功夫。

制砚，有时会深度艳羡刻砚的古人，他们待于寂寞天地，没有马达的轰鸣，听不到手机的嘀鸣。天好时日，他们或蕉窗边或老树下，面砚石刻砚。雨天泡一壶老茶，置一盘花生，放下身形，坐一靠背竹椅，在四面见方的有天井的院落，观天观地，听流水喧哗，看日月云行。

五、当代制砚，固有色彩与制式

当代制砚，起始于砚厂，起步于20世纪60年代。

淘气　俞飞鹏

端砚的黎铿，歙砚的王涧石、叶善祝，是早年进入砚厂的第一代砚人。

现在仍在砚界深耕的陈洪新、胡中泰，包括我自己，学砚亦起步于砚厂。

已是龙尾砚研究所所长的胡中泰，1979年进入龙尾砚厂，曾经出任婺源龙尾砚厂生产科科长。

现为端砚名家的陈洪新，当年是肇庆端溪名砚厂的设计室主任。

1980年进入龙尾砚厂的我，曾经是婺源龙尾砚厂设计室主任，现为四川攀枝花砚文化研究所所长。

当代制砚，具群体实力和影响力的砚种首推端砚。

端砚雕刻，主以深浮兼镂空手法。

我喜欢端砚，喜欢它的端方，独具的固态。

砚林中，很多砚种已变得似是而非，不知自己姓甚名谁。诚然，艺术不喜欢一成不变，艺术偏爱标新立异。然砚雕艺术也一定需要端砚这样的顽强固守，也因为有这样的固守，端砚非物质的技艺才让人觉得别具一番风骨。

歙砚，不时透着斯文、清新、灵秀、妙造，是一个不断亮闪砚艺光芒的砚种。

歙砚雕刻，以浅浮雕为主，长于抒情，线条灵动秀雅，刀法讲求洗练，注重意刀的运用。

当代制砚的三驾马车，一是苴却砚，二是松花砚，三是鲁砚。

四大名砚中的澄泥砚概念独具，魅力无限。相比其他砚类，尽管目下的澄泥砚风光不再，但是日后的澄泥砚仍然最有希望一鸣惊人，东山再起。

当代制砚的现状、问题，一是刻意于表面。

刻意于表面，偏重的是雕。当下制砚，满满当当深雕薄意，讲的刻意而为多指表面工程的雕。

雕，雕花镂草雕龙雕凤，以为一方砚雕得满满就好，精雕细刻了就是好砚。砚的好，其实不在雕刻的精美繁复争奇见巧。雕砚，其实雕刻的不是龙凤花鸟，而是讲清风寓情怀的砚。

二是同质化、低俗化现象普遍。

大量市面上产出的新砚，往深里看，多是你雕仙佛人物、龙凤呈祥，我也雕；你刻舟桥流水，我也刻，你的画面来自“芥子园”，我也是。你雕的人物来自各式画谱，我也一样。

当代制砚，比如砚池、砚边、砚堂的模式制作，又如方正、端庄的面貌，不过是明清手法的再延续。当代制出的砚，脱离不出古人格局、制式，有些甚至以照抄照搬模仿古砚为能事。

三是鲜见原创，几不见我。

当代制砚是固有色彩、制式，潜移默化下的制砚。

当下，砚的评价体系，砚的发展进步，至关重要的技艺传承、师徒关系，等等，或多或少都存在过往制式、理念的影响。

当代制砚，尽管个别制砚者已具自己的手法、面貌，形成了特有理念。不过，从总体上看，当代制砚是鲜见原创，几不见我的制砚。

我，是当代的我，我制的砚，应当带有我的符号、色彩，表达的应是我的思想，可是我呢，我在哪里？

相比出过十二峰陶砚、箕形砚、抄手砚、蝉形砚的古代制砚，从制砚的层面、水准、高度审视，五味杂陈、良莠不齐的当代制砚，在制砚的砚式、技艺、深度探索上，可谓长路漫漫。

六、做砚，时也想放下刻刀

灯下，我想着砚。

想有造型的古老瓷砚，想唐箕的简古、宋砚的平仄，想明砚到清砚的幻变，想这些年制造的花样百出的砚，想接下来制砚该怎么走，向何处去。

砚，是的，你可以把人物、花草一一再现，但是，再现只是再现，原创

枫鹰图砚 林庆华

砚，俏色而刻。

俏，在怎么留，留什么；在去，去哪里。砚，是错落中的经营把造，刻，见精心，见灵动，尤其好在刻出了瞬间的宁静。

终是原创。西人，哪怕是三流艺术家，宁可在原创下挨饿，也不愿在重复下偷生。行于当下的我们，如何能泊于古式，一再复制？

做砚，很个人的事。

做砚的很个人，就如1917年的陈端友，那年，他关了师父的门店，一个人回到家里，埋头做起了砚，就这样一直做，直到1959年谢世。他成了砚界的巨匠。

制砚，刻一线，你可以冲刻，也可以打刻、铲刻，还可以用刻刀修刻。

平刀利落，圆刀圆融。何处用平刀，何处圆刀更出效果？刻一线，除了平、圆刀，打刻与冲刻，机雕刻出的线也是线，用得巧妙，亦能出来奇效。

刻一线，能一刀成器，这是很多刻砚人的梦想。

刻砚过程中，事实上，一刀成器，要讲很多条件。比如，下刀，要看深浅度是否合适，太深的线也是线，这样的线，一刀如何成器？又如，这一线对力道与丰富性有要求，太单的一刀，因为单，会显得薄、平、浅，甚至飘，如此，单一的刀，看着下了，可是达不到所要的效果。

一刀成器，一刀是一刀，也是一线，可以平刀刻，也可圆刀一刀冲刻。这样的刻，刻者执刀的稳定度、用刀的经验、下刀的力道、运刀的性状，以及对刻刀、图饰、文字、砚石的认知把握度等都要看。

对刻刀的质性把握不足，下去的一刀未必有效。对砚石了解不够、认识不足亦一样，一笔兰草，对宽窄、向背、虚实、强弱，以及飘逸流风的状态把握不好，认识不到，如何能刻出兰花的气质感觉刀如何下？

刻砚的打打刻刻，在我，时而顺畅，时而不知所以。

一块小砚石，拿起，放下，复拿起。大脑里，没砚搁在那，茫茫然一片。装有太多古砚今砚，亦可能找不到东西，辨不清南北。

日复一日，捧着砚石翻来覆去一遍又一遍，哪怕人家一再还你冷眼，对你一脸不屑。多少次随那砚材，被它牵着哄着过了浅滩又上高山，直搞得天昏地暗晕头转向。多少次，下刀木然深不得浅不得，亦深亦浅亦不得，像不是不像不是，似像非像亦不是。

常常，面砚石而相，山峦沟壑间，我寻觅着，看砚的精魂忽而游动在流水的江南，忽而徜徉在冰天里的雪国，时而目光顺着砚石的凹凸涤荡起落，时而山重水复，无路处，形意池堂，涣涣然如在目前。

做砚，有时只想放下，放下砚石丢开刻刀，去一径有山水、溪桥、人家，兼有一叶扁舟的所在，或举杯对月泛舟江湖，任烟波浩渺，随波自流；或写点文字读几页唐诗，合目神思在日光下打盹；或关掉手机躲进祠堂藏身老坞，看自在自性的落叶流风，看一溪碧水荡漾喧哗，看一虬古松，看古人留下的砖木刻痕。

更多时候，做砚，雕着刻着便做进去了，想手中那石，靠天地灵性的瞬间神交，于麻石数吨中寻得一二。这砚料是石之精髓，得天地日月凝成；这料石经砚工履沟壑，涉溪涧，翻山越岭，搬运得来。

想手中之砚，是砚又不仅是砚，它是流动的一方水土，能留千古，传万世，或空灵或深邃或弘阔或清浅的砚池，烙印着你的爱恨文心、思绪情怀，如此，怎能不战战兢兢，善待那石，做好那砚。

七、制砚，一天复一天刻，最要找的是什么

刻砚的心刻，生发于手制前。

心刻，有很多表现。比如，面一砚石的去这留那，灵感忽来的那池、堂，雕人刻花；又如，刻哪里与不刻哪里，哪里镂空哪里凸凹；等等。

有人拿来一砚石，和我说想造一鸟巢，还有人，面一砚石，说想刻桂林山水，他们对着砚石比画，兴趣盎然地说着他们的具体设想，哪一地哪一处怎么刻、造。这其实就是心刻。

心刻，可以令接下来的一砚登峰造极，也可令一石由此面目全非。

春江水暖　俞飞鹏

有的砚石，一看再看，出不来心刻；有的，再看还看，超越不了最先蹦出的心中刹那。

面砚石，先有心刻，之后才有那画在砚石上的具体描绘，最后进入一刀刀手制刻画。心刻，多时只是感觉、意会上的美好。心刻，有时是需要随感而刻想刻就刻，想到哪儿刻到哪儿，有时，由心刻到手制，贵在能不急于一刀刀具体雕刻，重在手制之前的停一停，想一想。

手制是心刻的延续。

心刻是理想，要把理想具体化，脱不开手制。

刻砚，有人爱用平刀，有人独爱圆融；有人爱严谨，有人讲自性。砚的雕刻手法，有深雕有浅浮，深与浅本无孰优孰劣，深雕，雕得不好，雕出的是木讷、呆滞；浅浮，刻不到位，亦可能弄巧成拙南辕北辙。

刻砚，讲人、石、砚的浑融。好砚，人与石，石与砚，人赋予砚的雕刻、思想能浑融于砚，人、石、砚能水乳交融，浑然无迹。

刻砚，人刻砚，砚亦在刻人。面一砚石，人的所思所想所以为所认识，逐渐进入砚石，砚石经由人的相，想，逐渐烙上人的印记。

刻砚，心里想得再好，还得要手头功夫好。

刻砚，是边刻边想的刻。怎么想，导引着怎么刻。有时，想的与刻的好得一致；有时，心想得很好，刻出来后却未必好。

手制，一会打刀，一会刻刀，一会圆刀在手，一会只需要一把平口。

刻砚，一应雕刻的那会儿，只是制，尽管大脑在不停地想，可是，真要想那时为何用圆刀、为何要斜口，那一瞬间手里的刀会落不下去，即便落下去了也不知如何雕那刀，刻那地。

想起这些年看过的砚，古的、老的、新砚、名砚。想到新近看的几本砚册，有的厚厚一本，有的装帧精美。

有的砚，或方或圆，规范、严谨。池一如地那般开，深浅、大小看着合适。堂，一样的熟悉样式，或水样熨平，或微凹过渡。可是，一方方砚，看不到别出角度，另辟蹊径，光鲜亮点，看到的只是层层暮气。

有些砚，雕，不可谓不到位；刀，不可谓不娴熟；物象，不可谓刻得不精准；线，不可谓走得不老到。有的刻砚，找到些许感觉，略一看，效果不错，复看呢？

有的砚，题材很大，有的砚，体形硕大。那些砚，做之前、之中、之后，不用说，花了不少心思心血，耗却不少精力汗水。

有些砚，看也就看了，像一阵溜来的风，拂过之后什么也没留下。

有些砚，于我而言，看到就想躲。对这样的砚，我是不忍看。好好的一块砚石被雕得千疮百孔，七零八落，为何要这样？这样的不善待砚石，这样的心狠手辣，痛下杀手。

有些砚不必看。一棵小松树，雕得小点是这样，雕得大些仍一样。一小片荷叶是这样的造型，放大些雕，造型如是。砚堂、砚池、砚边，开过来做过去都是一贯制。砚，似乎不这样做就不对，不这样雕就不行。

刻砚，是的，有时就像年年上演的“春晚”。手头有一两样看家把戏，搬上去耍耍，只要没被看破，是可以热闹一时轰动一下，可是，要年年都是那一套，年复一年耍下去，单靠那点把戏，如何能撑得住耍得下去？

那么多人刻砚，肇庆、婺源、歙县、白山，四川、云南、山东、河北。太多的人刻过砚。为砚，四处把看，四处参展，走南闯北与会，看别人出书自己也出，为刻好那砚青灯黄卷，探索研究，苦读书，勤画画。

制砚，一天复一天刻，最要找的是什么呢？是找到像砚的感觉，还是找到好石品、构思、图案，乃至好卖相？是的，作为砚，这些都不可小看。但，最重要的关乎一个砚雕者成败的，砚雕者要找到的是什么呢？是腔，是最适合自己做砚的腔。

腔，是最利自己发挥的语言，是最具优势的自己的长处。腔，是自己和别人的不同；腔，对自己味，合自己性。

可是，这样的腔，这样的方式、语言、长处，在哪里，如何能找到？

佛手　黄同庆

此砚大胆脱去砚边，随形而制。雕刻、构图、施线、着刀，概如水墨的点染。全砚是刻造的，却浑如天造。

砚林中，有人找到了腔，有人没找着。有人天天做砚，终其一生，不知腔是何等模样，即便遇着，也放跑了。

八、表达之于刻砚

看过一砚，片状，随形。

砚，刻的是人。这人，看似依形而做，又未必。人，眯眼，神思，隐隐然现于云雾缥缈中。

砚的池、堂、边，堂在云上，池在云里，边也已尽去。

一切散散淡淡，随意，自由，甚至还带点慵懒，那情状，如春日里行到下午的阳光。

砚，雕刻，虚实，处理，等等，极尽洗练。砚的要素、艺术尽在，是不做作、不表象的在。砚去掉了很多无法去，甚至没想过要去，抑或根本不敢去的细碎。很多刻砚还不得要领，没心领神会。主次、凹凸、深浅、布列、强弱，以及字、印等并不到位。

想到在攀枝花做的第一方砚。

来自中国第三大名砚厂，著名的歙砚原乡，心里装有很多关于砚的形态、样式、认知、理念。我的第一方砚，自我感觉理应表达点什么。

这方砚，我截取蕉叶一段，这一段，去蕉叶头尾，入砚的是中间一小部分。

砚石的左边有自然凹缺，我依形就势，将蕉叶主梗安置于此，之后，让蕉叶叶脉向右铺展，直至整个砚面。而砚池、砚堂便在叶脉的铺展中巧妙洞开。

刻，在蕉叶的横纹中下刀，不能只是单一的平刀运用，亦非尽是斜口、圆刀，它应当体现多样性状，呈现有意味的变化，于平实中显现不同。

尽管如此，或因为太想表达，太过于上心，太想面面俱到、处处圆满，我在攀枝花的第一方砚，最后表达得不尽如人意。

又一砚，刻的是荷叶。

砚以两片荷叶构成。荷叶的色是天成石色，这色有深浅的过渡，石色上还有聚散自如的微小青花。

此砚的开池不同于俗路。一眼看去，它不像是池，而是荷叶围裹下的自然低洼。细看这些低洼，它们大小不一，宽窄各异，但是，哪怕是极小的细窄处仍能得见精致与匠心。

砚堂采凸出之法，既恰好地保留了石品，又不露声色地巧用了石色。

砚边，由荷叶的边沿构成，它们自然地开合，自由地相拢，别开生面又妙趣横生。

从细节看，此砚的外沿全是人为，但是恰好。让人既见风韵，又见高妙，其一，它不硬造；其二，它平和。

类似的砚，多爱在荷叶上刻个把小虫，这方砚之好，恰也在避开熟套，做到了务去平俗，能舍尽舍。

刻砚，深雕，写实，浅浮，薄意，工笔或点到为止兼工带写，都是刻。

在台湾见一砚。此砚刻的题材是瓜果一类。刻这方砚，砚手走的是浅浮一路，之所以选择浅浮，首先可能有石色的考量；其次关联作者的审美、感受、偏好，与表达相关。

从刻工看，这方砚甚至太不圆熟。但是，就表达说，此砚较好地表达了虚静和自在感。

刻砚，表达渺远吗？要说远也不渺远。表达之于刻砚或刻砚之于表达，实在很平常。只要是在刻砚，人人都要面对，人人都在做着表达。只是，很多砚的表达事与愿违，词不达意，南辕北辙，离题万里。

表达，看是刻工，实在砚功。一方砚，表达如何、怎样，匠体与士体，各有方向，别异各是。

九、制砚逼近四十年，一直想做出清风明月自在心的砚

在我的工作台上，除了在刻的砚，时常搁有两三块砚石。这些砚石，有的一向蛮横，有的总是无理，有的我们相互间还没找到对话的路径，有的看看放放便做成了砚，有的已是一放再放。

有一段，眼看着工作台上的砚石所剩无几，不久，又堆码起砚石。

有一砚石，比手掌略小。上有块状绿色，如身着舞袿的人形，颇似法国印象派大师德加画笔下的舞女。将就这形象刻，我不愿，可是，不这样刻，又刻什么呢？就这样放放搁搁，看看放放，拿起放下，一来二往，这块砚石在我的工作台上一待便是两年，直到有一天。

那天上手这石，忽然有了感觉，就着那块绿色的忽闪跳跃，我刻出了另一形象，这形象是梁楷泼出的墨仙吗？定然不是，是白石老人挥写出的古怪？亦不像。

又一石，是歙石。

砚石进入我的视野已有半年以上，可是如何成砚？

砚石形自然，体浑然。做这样的砚，雕人雕物，刻什么，题材有的是，它的难，难在题材砚石，池堂线面，怎么能契刻入石还可以别开生面，又能留住砚石浑然之本来。

一搁再搁，几乎同时过来的歙石都成为砚了，这块砚石还在我的工作台上，石还是那石。2016年，挨近年根的一天下午，看着这块砚石，灵感忽地便来了，之后，这块放置了半年以上的来自家乡龙尾山的砚石成了砚。

我还做过几块歙石鱼子。

老坑歙石，典型的片状，当年刻砚龙尾砚厂，对这类砚石雕刻中的成片脱落记忆犹在，可是鱼子石不。鱼子石是深雕浅刻皆宜的一类砚石。不知道歙砚人如何看待鱼子，在我，歙砚能有鱼子是歙砚之福，亦是刻雕歙砚的砚人之福，至少，我对它充满感激。

二十多年前，刻一砚。那砚，池亦步亦趋，线一再讲究，砚额处雕一人，双手拢起，其状欢喜洋溢。

当时于刻砚，总怕把砚刻得不像砚，砚池怎么开，开在哪里想了又想，砚堂做平整式还是向心式考虑再三。现在再看那砚，小心谨慎的模样，要说如何，也就是行到似砚阶段。

又十年，又一砚。

那砚，雕刻注重了什么呢？注重石与砚的结合，注重砚与题材的融合。那砚，刻，不再图画八仙过海的热闹，不再谋求鹤舞龙腾般喜庆，画面不再拘泥于像与不像是否好看。这时的刻砚，应已逾越像的层面。

云卷云舒，花开又落，又数年过去。

再一砚，刻，刀下一味偏重的是实写。刻砚，是的，深雕、浅浮、薄意、镂空，可以形式不同手法多样，这时的砚，我探索在写实领域，一度沉迷其间自鸣得意自行其是自以为是。

上手过不少砚，刻了多年的砚，有的砚历历在目，有的已然形迹模糊；有的砚去向不明；有的还在藏家手上；有的被人购藏后再未谋面。在攀枝花，

朴

黄同庆

此砚的池形面貌，似唐箕又非。尤其难得的是，这方砚的砚额、边线等恰好的妙手用残，点到而随意，于浑古中见自在。

遇一泰国爱家，他买下我一砚，抱着它游石林，逛丽江，直到返回清迈家里。

手抱一砚，行走在路上。

雕，这砚不刻意于题旨蕴含，不凸显于质性丽色，想山水可让人清心，荷塘可予人泊怀，我刻的这砚，不剔透玲珑花言巧语曲意逢迎一径堆砌，不倚靠妙品名坑，不斤斤营营于刀技。

忽而想到水调歌头的宋代，想起曾经抱砚而眠的宋人米芾。

在那样一个春风沉醉的夜晚，怀抱的是什么砚呢？是丰腴如贵妇有鸲鹆眼、鱼脑冻的紫端？还是性状内敛如深闺女子的有细雨、金星的歙？宋式抄手，见方见直见棱角分明，要是怀抱抄手砚，入睡如何能够酣畅？米老夫子，不应抱着抄手样的砚进入床州府温柔乡吧。那么，是一形态怪异之砚？想来也不会是。因为太怪异的砚，即便平时上手，也不见得舒适，何况抱砚进入被窝。或是一圆活肥润之砚？这样的削却了棱角的砚，后世倒是时常有见，可是，前朝或宋那一朝鲜见有出。再者，这样一砚，圆融倒是圆融了，不过太圆融、绵软的砚，当是缺个性少骨感的砚呢，擅书，绘画又长于画那枯木写那竹石尤工水墨山水，独创米点云山烟雨微茫画境的米老夫子，会欢喜这样的砚吗？

制砚逼近四十年，一直想做出清风明月自在心的砚，也一直为这努力深研着。现在，砚好像做出点感觉，具些模样味道了。就像手上这砚，下刀已然随心，不再图解物事，不再以像为是，荣辱无系，喜怒无碍。

手抱一砚，孤独的我好像行走在星天外，不知道一路还有几多风雨，前路有多坎坷长远。

十、制砚，不仅在制

做砚，最忌重复。

多年前，你已经越过那条路了。可怕的是，多年后你再次重走。

做砚，古人好的砚，是古人之所好。古人留下的器形样式，不是你创造的样式。

砚林中，很多人会雕龙雕凤，雕山雕水，雕人雕物，师傅教他怎么雕，他就怎样刻。但是，砚界的发扬光大，一定不可以泊于继承，不可以仅靠模仿。当代砚雕，若只是一如的老样式、旧套路，再得传统，见传统，不过是重回一次唐宋，粘贴了一盘古董。制砚，我们不能总是唱着先辈的歌谣，做着五百年前、一千年前的砚式，自鸣得意，自以为是。

一方砚，刻成这样，有人欣赏，有人不以为然。一幅画，有人看好，有人看不出什么好。同一题材的砚，雕的人不同，做出的砚不同，表现在砚上是看法、认知的不同。因为我们这样看，所以我们这么做，也因为有人那样看，做出的砚就成了那样。

这样或那样，一时看来，无所谓优劣对错。长久看来，因为看法不同，见识不一，角度异曲，得出的结论，结出的蕙果，体现在砚雕上的高度大不一样。

刻砚的做一地，哪怕是一根线条，也要把它做好做精做到极致，我赞同这样做，哪怕这样做可能在起步时不好，有点僵，比较傻，看着划不来。

作画，要下笔磊落，自己首先得有磊落之气。

从技的层面看，下笔磊落，脱不了你和笔的一而再的接触。下笔如此，刻砚用刀何尝不是？

刻砚，常说到天人合一。

天人合一，描述的是刻得更好的砚，这样的砚，可以好得人与砚能浑融、合一。

按说，砚石本来就是天生的，所有的砚都需要人为的施入，所以，所有的砚都含有天与人的成分，都可谓是天与人的合二为一。不过，制砚能制到天人合一，说的是砚已脱去雕琢人为。一方方砚是你制的，你分明打了砚堂，开出砚池，那砚上留有你的万千下刀，那砚虽由人制却宛若天开。那砚自然而然了无拘束，人与石、石与砚、砚与题材交相互融。

如此的天人合一，是制砚行到的一定高度，是制砚家学养、高度、层面等的综合体现，是制砚的至大境界。

制砚，一流大家之所以一流，在他们不仅知这样刻，还知道为什么这样刻，他们知制砚的其然还能知其所以然，他们能艺术地刻砚，将一方砚刻得宛若天开，别开生面，云蒸霞蔚。

制砚，器息、文心、砚味、意象。

器息，时是质地的发散，时在器的刹那光华。器息，时是质性的古朴，时是器的线状，时，在面。时，器息一径在它的形式、感觉，好比一张明式的老旧茶几，方正、平整、简约、高古，搁在那流淌着古意。

文心，弥入的是斯文，哪怕一线、一面、一点、一滴。

一砚的好，多时，恰好在文心。文心，无法在你造器时强求，硬要；文心，无法塞入你造的器物；文心，如当春乃发生之好雨，随风潜入，润物无声。

造砚，如何能没有砚味。没有砚味，有砚形如无砚。

砚味在是砚。是砚，不在一砚石上人物刻画得精准，不在山川云水的飘逸。一方砚，砚味不在，其他具在，不过是徒在。

意象，先意而后象。

意，是立意，常不在你的想立就立。象，不是具体的像，不是刻什么能像什么。意象，时常不可捉摸，莫名其妙，耐人寻味。意，面砚石时，飘忽，无定，时忽来，时长久不来。意，决定经你制作后的一砚的是石，是砚，还是山高水长意味深长。

制砚，不仅在制。制砚的高层面在砚里，又不仅在砚里。

菩提般若　黄同庆

这是一方别样的砚造。

形于端方中见自然，开线，能于谨严中见随心。整个砚独出机杼着墨不多，亦人亦天，浑朴独来。

制砚大家不应只是继承制砚的功夫技能。真正的制砚大家是综合了很多要素经由了很多努力的卓然成家。

十一、“心性”二字，于文人砚最紧要

文人砚似乎是着刀不多的砚。

但是，它是雕刻不必精到的砚吗？当然不是。譬如砚池，开得是否圆润清空不要紧；砚堂，打得忽高忽低坑洼不平也无所谓，一根线条，要刚毅刻不刚毅，要婉约但不婉约，甚至那砚，刻的什么东西是不是砚也可以不管、不顾。

文人砚也不应是只见刻工的砚。只见刻工的砚很多，很多砚，刻什么物象能做到像什么是什么。刻什么不是什么，定然不是文人砚的面目、风格。但是，具备了刻工，刻什么能够是什么也不等于是文人砚。

文人砚是具砚功的砚。

砚功是何功？砚功是包含制砚手头功夫、见识、学养等在内的综合功夫。做文人砚，不仅要看一个人做砚的工技层面，具何样高度，还得看他学养、境界的深宏程度。

文人砚，有文士气度，具人文情怀。

那砚，如明月，清风，得澄怀，空静；那砚，法我相忘，平淡自然，元气淋漓，构筑高简，味象荒寒，运刀浑化；那砚，脱去器物的功用与功利，讲砚的用，但绝不泊于形，迷于品，泥于用。

想过做文人砚的人，率性、天真、孤高、独立，气质像郑板桥画的那石。时而，他是哭之笑之的山人八大；时而，他是青灯黄卷的松风虚谷，可能他原本就是个文人。他无心于名利、影响、关系、头衔，在别人想着要去占领某某高地，充当所谓的标杆人物时，可以视而不见，听而不闻，心如止水。

文人砚，之所以让人感到高人一筹，首先，它是讲文化味、寓书卷气的砚。其次，刻这砚的人需别具一份素朴文心、骨性情怀。

文人砚，不应不讲砚工法度，一味只是涂脂抹粉花里胡哨投机弄巧，更不是利益驱动下的忽悠人的砚。

古人做的砚，有无文化？不能说没有，也不能说都有。有些古砚，出手只重功用，能用是第一要素。有些，方圆一式，看似简约，化入的却是风范、比兴、情怀、气度。

有的古砚，讲功用也蕴文化，比如我经常提到的蝉形砚，就是藏有文化的具有人文质性的砚。

文人味砚，之所以砚史上不见什么光亮，鲜见文人画那般稀世绝响，其一，和做砚有关，因为做砚，哪怕文人亲炙，没有工技的做，做来做去终是门外。门外做，做的是门外砚，如此制砚，如何发得出稀世绝响？其二，做砚，做到有工技能见工技，冷板凳要坐十年，如此功夫，非朝发而夕至，达到此功夫已山高水长十分艰辛，况乎，将砚做到具文人味的层级。

从功夫型的砚师成为能制出文人砚的方家，古今寥寥。让一个文人入砚，行到可以制出文人气息的砚，这一过程十分艰难，哪怕他已是教授、画家。要入砚，刀要熟悉吧，比如打刀，锤与刀的合二为一，刀指向哪里，锤可以跟到哪里。比如刀的轻重掌控，该打深一点，掌控不好，会深出三点乃至五点来。再如铲刀，铲轻一点点，怎么铲，铲重一点点，力道是多少？还有那雕刻用的圆刀、平刀、大刀、小刀，一刀下去可以浑融无迹，亦可以机锋毕露，何时，何砚，该如何下？

还有，既要做砚，对砚石要有基本的识辨能力。都是砚石，端砚石不同于歙砚石，歙砚石有别于苴却石，即便是同一砚石，不同的坑口有差异，同一坑口亦会不同。不同的砚石，该刻什么，不该刻什么，心中得有数。再有，一块砚石在手，毕竟其中有形态、色彩的不同，有厚薄、质性的各异，这些都得掌握，不可能不经学习锻炼就一步跨越。

既是做砚，砚是怎样的，当然要了解。学会开砚池，打砚堂，实在不能等于会做砚。

即便学会了做砚，你本来就是文人，那也不能等于你做的砚就是文人砚。那还得看你做的砚是否脱去了工匠气、制作痕，是否不再泥于雕刻，得看你综合的砚功，你对砚石、形态、色彩的不同于常人的把握、拿捏。

制砚名家陈端友可谓在砚雕的某一方面登峰造极，但是，他的砚不是文人砚。方见尘，没有沿着陈端友的熟路继续前行，而是另开新境，造出了让砚林刮目的歙砚新篇，但是他的砚仍不是文人砚。

当下，能否出得来文人砚，要看人，甚至要看氛围。

“心性”二字，于文人砚最紧要。

文人砚流溢的是一脉别样的斯文。这样的砚，造作不出来，刻意得不来，不需要文字印铭的乔装打扮。那样的砚，实不同于当下见到的一些砚，满满当当雕的刻的都是一个“要”字。砚上弥漫的多是市井气和浮躁气，砚上缺失的是淡定与斯文，淤积太多的放不下。

做砚，毕竟不同于纸上绘画的挥毫泼墨，兴之所至能一气呵成。一砚的做出，需要时间的夯实和精气神的注入，其中有太多的艰辛与不易。这也是我们将古老砚谱翻个底朝天，寻不见什么文人砚，看不到几个文人真正做过什么砚，如何翻抄也翻抄不出几方文人砚的重要原因。

文人砚，脱去的是匠气，那砚越过雕琢的弄巧，见风骨得浑然，若闲云一脉，如太古清音。

文人砚，贵有一份弥于内漫于外的素朴文心。那砚，经文化濡染，由心田流出，斯文、自在、简古、朴雅，不见挂负，无有牵系。

十二、刻砚，为什么

刻砚，为什么?

最初，我做的是画家梦，于砚，谈不上喜欢。

早岁，看砚工刻砚，粉尘满身石渣飞溅的模样，心里还有过逃离念头。

对砚不甚喜爱，那么，想为砚传承点什么或弘扬些什么就更无可能。

在还是细窄深巷里的婺源龙尾砚厂，我开始了学刻。我刻的第一方砚是一长方形砚。那砚，线条打打修修，看着直了，可就是没做直，砚堂打了又铲，铲了又打，眼看这一地平了，可是另一地又冒出新问题。

现在想来，那时的刻砚，是我的工作，其时的我不明白为什么刻砚。

为什么刻砚呢?

我在龙尾砚厂十一年后，入川。

刻砚，有过为钱、生计的段落。约略一算，将近十年时间，刻砚是我的无奈，想不刻砚，也只有刻。参加全国文房四宝暨首届全国名师名砚精品大展的《凝古》《皇宋元宝》，藏于天津艺术博物馆的《幽》，均出自这一段。

十年里，我刻过很多砚，研读过很多砚。

恍恍惚惚，继续刻砚，又十多年。

再刻砚，其间实实地逼过自己，刻什么不刻什么，怎么刻，还能如何刻。这一时的刻砚，探索性的多，有想法的多。比如《太璞》《江南》《清夏》《面孔》《洞天一品》《青铜时代》，又如随石生发自在浑然的《鹤立》《云门》《太古清音》等。

为什么刻砚?

在这样一个物欲横流的时代，我知道为钱刻砚再正常不过。

知道为钱刻砚，靠一刀一刀刻砚挣钱实在太慢。知道很多人，为钱放下了砚刻。为钱刻砚，是的，可以没钱就不刻;为生计刻砚，生计不好了，另谋他就，不再事砚便是了。

我，依然在砚石上感受着美好。

我的工作室简陋极了，那是一个蜘蛛常来结网的所在。早先，面对横行竖挂的蛛网，我常常会挥舞扫把。可我发现，在去掉它们不久后，蜘蛛又会在原地或在可以结网的另一所在，不屈不挠地结起网来。现在，我对蜘蛛的领地已不再干涉，间或，在做砚的空隙，我还会看看蜘蛛，看它们不问世事自我从容的状态，看它们忽而上下纵横自性的模样。然后，我会梳理心绪，或者干脆关上门，双目微合于斗室，放肆自己海阔天空的想象。

工作室里最常见的当然是砚石了，各种形态、各具色泽的砚石，我天天看着它们，与它们相亲相伴，相对而话。我们对话最投缘时，亲密接触也就开始了。这样的开始啊，不用说，是多么富蕴姿彩而充溢激情，激昂人心。

刻砚，为什么呢？

刻砚，可以为车、房、家人，为功成名就，为孩提时的梦想，为过上更好的生活，为雨后的一个下午可以啥事不想坐在窗下发呆。刻砚，是的，所谓的为，存储在各异的砚人心田。不同的砚人，为，各有不同。处于不同阶段，所为亦不同。

能刻砚而不为五斗米，可以不管手里那砚值几多钱卖多少钱，这应是刻砚的无所谓为。

如果说为是一动力，那么刻砚的有所不为是什么呢？

我刻着砚，只是刻，任云卷云舒，花开又落。

十三、刻砚，怕什么

刻砚，有没有怕的？有，比如名气。

十多年前，和人对话，我问，为何要评大师？说，评上大师，就有名气了，刻的砚，身价会不一样。有了大师证，可以大张旗鼓名正言顺打上大师招牌开出大师门店，那样卖砚，多好。

这些年，我刻过不少砚，走南闯北忽东忽西会过不少砚人，走了很多地方。知道名气实实在在地在祸害一些人。有人为评上大师或假论文或假他人作品或造虚假经历、获奖证书，有的师人却不尊师，有的抛却脸面丢开诚信，有人浮于名气再也不能静心刻砚，还有人因为名气弄假成真从此以真大师自居。

一次，去砚都肇庆，到刘演良先生那里。也因此，得刘先生给我的一个关于名气的忠告。

那天，走出刘先生家，刘先生拉着我的手特地和我说了一番。

刘先生告诉我，他已79岁了，大师、名气，有人看重得不得了，不必把大师、名气看得过重，什么大师什么名气，是大师如何，不是大师又怎样，都没什么。

唉，名气。

古砚，怕过一方抄手砚。

那砚，前后左右上上下下做得怪异，比如一头大另一头必然小，一头正另一头必然斜。那砚小，可是小得可怕，藏于婺源博物馆。

还有，是蝉形砚。

这方砚，十二分的实用，十二分的唯美。蝉形砚，非一时的臆造，砚上多少弥有唐砚的痕迹、宋砚的影子。砚，是砚又是蝉，可是蝉已是不知如何略去的形意；砚，是蝉，蝉是砚，砚里砚外，蕴有禅意，还有太多的无尽。

刻砚的砚家，非要找出一怕，是陈端友。

陈端友的可怕在哪里？在你是仿，他是原创；在你现在的工具极好，他那时是自制刻刀；在你现在刻砚环境平和，他那时刻砚身处孤岛，一天天性命都恐不保；在你刻的是砚，他刻的是命。

刻砚，有人以为细就是好，不知道一味的细等于不细。

刻砚，有人以为雕个古人举个酒杯向着月亮就是李白，抱着一砚欣喜不已的必是苏东坡。

刻砚，刻山刻水雕人雕物，怕的是刻得满满，可是没砚。

砚在哪里？ 最可怕的是雕的人也不知自己忙忙碌碌雕的是什么。

见过一砚，无池无堂无有砚边。作者说开刻的时候想过池堂，刻着刻着就成了这样。这方砚，上，古松立体盘曲，星月隐约其间；中，有山林飞瀑；下，有栈道显现，还有古人行走，有的执杖，有的戴着荷笠，有的背着行囊。再往下是流水清溪，有小舟一叶，舟里还有人在饮酒。

又一砚，池是窝窝，堂是窝窝。砚上刻的是龙，龙头、身、尾、爪皆有。那砚，可见很大的龙，看到大小很多石眼。作者指点其中石眼，告知处于什么方位，代表什么星宿。作者说，打着刻着，正好打出五十六个石眼，可以暗合五十六个民族。作者还说，雕龙，想哪个地方挖出石眼，巧为龙眼睛，真的就挖出来了，很神奇。

想来，作者只是雕龙，没看过中国清代刘源刻的双龙砚，没怎么学过画，不知构图造型，没拜过什么砚师，不知道一砚都有哪些要素，不知道应当怎么构成。

刻砚，如此不知为什么、刻什么，多可怕。

十四、理想的刻砚

刻砚，握那刻刀，面一砚石细细雕刻，在哪里刻最理想？

20世纪70年代，这样的刻砚似应在城里砚厂。每天，坐在宽亮车间，日头晒不着，雨水淋不上，面向砚石，抽着“大前门”，架起二郎腿，想刻就刻一会；不想刻，停一会便是。每天，该上班上，该下班下；每月，按时领一份工资。

那时，栖身田间地头的乡下，毕竟清苦。

现在，理想的刻砚已不在砚厂，也不在七八人聚在一起的砚坊，更不尽在哪个大城市。在哪里呢？ 感觉是在白墙黑瓦、翘角飞檐的徽歙庭院。

行庭院，经石道，穿过老巷。路，最好不远不近，太远，显得生僻；太近，难免俗闹。

徽歙一带的庭院多依山而建，傍水而落。后院古木葱郁，竹林隐约。堂前有四方天井，以透那天光，留那月影。梅雨季节，边刻砚，边可以在堂前听风赏雨；围炉的冬日，可以就着暖茶，边刻那金星龙尾，边看雪花纷扬。

徽歙一带的蕉窗边、院墙畔、树荫下、楼阁里，刻砚，一人一石，边刻，或边可听到三三两两的鸟鸣。若天上正飘着细雨，那雨点落不到砚上，影响不到打稿雕刻。彼时，最好还带点微风，那风如那细雨，能使人下刀畅快，有如神助。可能的话，刻砚之就近，还有漂着落花的一溪碧水。

理想的刻砚，当然得有理想的砚石，那石，最好是自己到山里，从这石那石中找出。那石，带着山涧雨露天风逸气，石性朗朗，无纤毫俗韵。那石，外形自成凹凸，性状自有分明。那石，得自然，出天趣，大小一握，相貌恰好。那石，当然可以是端，或如水的绿端，或就是紫端，上生细小石眼一二。那石，当然可以是龙尾歙石，金星不一定满满，带点金星，稀疏寥落亦好，若带点水浪，如一池清波的水纹泛起，我亦欢喜。如是古滇苴却绿石，能绿萝散漫，如是膘黄，最好是金田黄。

曾经想回婺源置一老旧院落，就为刻砚。

刻，最好在带雕窗的阁楼。在那，有书房一隅、几案一张，上有发黄线装书若干。那里，窗内有美砚，或三五，或七八。窗外，夏有荷塘一池，秋有丹桂飘香。刻砚，可坐于窗里，雕窗，可半开半隐，晴好时日，放一脉春光进入，边品着刚沏好的绿茶，边就着明媚入静下刀。

遇有空闲无事，可以在阁楼看青山，观雨雾，还可以读读老庄，可以研一池新墨写字，挥毫，画溪桥流水、古道人家。

理想的刻砚，形可以任方任圆，自成方圆，那砚能依石就色，形意生发；

那砚如石所孕所生，如当春好雨，润物无声。理想的刻砚，那砚，不必一味镂空，不必强求凹凸，不故作惊人，不哗众取宠；那砚，可以仿古但不一径，上半年做一门式，下半年做一蝉形，也未尝不可。

理想的刻砚，得斯文，见浑成。那砚，下刀不着痕迹，得素朴文心，可天人一体。

理想的刻砚，刻好的砚，不必考虑值多少银子，换多少钱。

理想的刻砚，得有几个同好。刻砚，你刻你想，我刻我思，大家能聚散自然，各抒己见，能都好品茶聊天，谈石论砚。

理想的刻砚，关起门来即深山。刻，了无牵系，无有挂碍，想刻就刻。不想刻，便可以推开那石，不刻。

十五、制砚“三道门”

制砚，想有一番成就，需要几进几出，经由几道门，没经过这几道门，制砚也能制，经由过这几道门，天地自会不同。

（一）会制砚

制砚，无非开池，做堂，起线，雕刻图案。虽说是无非，但是爱砚的苏子东坡不见得会制砚，痴砚的米老夫子亦是。

见过很多制砚人，他们有的在城里制砚；有的在乡间制砚。他们选石，裁切，设计，雕镂。不少人刻松石琢水浪已非常熟练。

做砚，会，一是经过起线造型关。过这一关，通过一刀刀打，铲，雕，切，具体雕刻，在电动工具广泛运用的今天，学得快的也需要一年半载。二是经过材质关。不同的材质对应不同的砚制，而不同的砚制又体现在制作过程中有意识敲打的轻重，下刀的深浅，刀具的选用，等等。而对材质的辨识，绝非时间上的短、平、快所能企及。这一关需要深入广泛的大量的做砚实践。

这一阶段耗去三五年很正常。三是掌握状物关。刻砚不同于平面绘画，是用刻刀一刀一刀凹凸，表现物体。在这一过程中，雕什么像什么是基本要求。这一关尽管可以与第一关同步，由于需要绘画、造型、用刀、因材等综合知识，经由这一关，需要的已不仅仅是时间。

制砚，由不会到会，是步入制砚之门的一个关键阶段。好，起始于这里，不好也是。

制砚，敲敲打打，铲铲雕雕，砚林中很多能雕龙琢凤开山刻水的人都应算是会了，制砚制到这一阶段，池自然是会开的，开得好不好精不精可以另说；起线，自然也是会了；做砚堂，定然能做。这一阶段，满足于会或致力于好，可能决定一个砚家日后的高度，也可能是他日制砚高下的分水岭。

会制砚，因为会，好多人步入了这一道门。

这道门，有的人进去了，一生沉浮在门里；有的人在这道门里稀里糊涂地混过一生；有的人入得门里，陶醉其间，没想过要出来；有的出来过这道门，匆匆感受了一下门外的风景，之后又钻进了门里。

制砚，高手也好职业砚手也罢，都先得设法进入这道门，入不了这道门，谈何其他。所以，这是入砚的一道看似平常却至重的门。

（二）知制砚

知制砚是做砚的另一道重要之门。

知制砚，知别于会。

砚池在这方砚深开，在那方砚不，为什么？起线，在这方砚起的是直线，在另一方砚起的却是弧线，都是做砚，都是起线，如何这砚与那砚、这线与那线会不同？要不同？

知制砚，有人以为已知，有的想着能知。

见过博物馆一古砚。

据介绍，刻这砚的古人一生只做了这一砚。

这砚，一是整体凹凸好。一方砚要刻到由外到内整体凹凸好，很多会制砚制过很多砚的人心知，刻了十来年甚至二十多年的砚，未必做得到。二是池好。这方砚的池不是概念化、模式化的池，池匠心独具地别开，是池又非，不是却是。池开得深入又玲珑，耐人寻味又匠心独出。三是线好。线，囫囵一圈是线，四方平直刻出也是。此砚的线翻来覆去，起承转合，有理，有味，有致。四是图饰的艺术处理好。好的入砚图饰不会盖过砚样，不会一味雕刻弄得只见图饰不见砚貌，好的刻砚，图饰和砚定是融合的。

我喜欢这砚，不过，实不能相信制砚的古人一生就做了这一砚。

制砚，从不会到会，由“会制砚”进入“知制砚”，再到刻出有高度的砚，这一过程艰辛而漫长。在这一过程中，制过很多砚正常。可以说，没有很多砚的堆积，谁也不可能一夜间就刻出一方高层面的砚。

知制砚，知砚的缘起是知，知砚的演进亦是知。知，可以从古老的研磨器开始，唐砚、宋砚、明清砚，是知制砚的重要篇章。知制砚，有条件，会一会泥质砚自是大好；知制砚，有必要深入研读一下宫作精典松花砚；知制砚，广作、徽派、海派，是需要重点研修的知制砚的重镇。

做砚，当你不再硬性起线，不再为开池而开池，不会为刻一图饰忘记自己该做什么不该做什么时，你的制砚步入了“知制砚”之门。

（三）知己

制砚，门里门外，经一道门又过一道门。

制砚，时，觉得自己很能；时，觉得自己不能。能的时候，刻什么都敢刻；不能的时候，刀怎么下都觉得不对。

制砚的尤难在知己。

制砚，明白别人能制，你不一定能，这是成熟。明白你能做什么不必硬实地去做什么，可能需要顿悟或数十年的思想，也可能一生不得。

制砚，以阶段看，学砚之初，先得学会开砚堂，打砚池。这一阶段，有如下围棋的初段。从不会到基本学会，耗去一年半载都有可能。二段，可以在砚上雕些东西，比如松竹、梅花，又如云龙、山水。三段，可以随砚石的大小、形态、色彩、石品，安排图案，安排砚的池、堂、边线。四段，刻出是砚的砚，砚上的图饰能刻得细致、具体、形象。五段，行到这一步的砚者，雕砚，像什么是什么的问题已然解决。制砚到了这一阶段，有的不再纠结做的是不是砚，而是想着应如何来做砚；有的开始有意识地避开商品砚的制作，作品有意识地去俗，脱俗；有的砚里开始有点新意、别样。行到这一步，制砚可谓初步呈现一点点艺术感觉、气象。

砚林中的刻砚者，行到三段的较多。进步快的学个三年到五年，已能安排图案，刻出一方像那么回事的砚。行到四段的不多。一是砚上的图案需要围绕砚来雕刻，以砚的要求刻，而非只要图案好看而想怎么刻就怎么刻。二是砚上的东西要求刻得细致、具体、形象。这一要求，其实已不仅在刻砚的刀工技艺，还在认识、刻画、表现物象的能力上。

以下，结合砚里砚外的修为、学养，谈谈刻砚的六段到九段。

这是制砚由必然王国进入自由王国的关键阶段。这一阶段，作品由过去的注重写实步入不仅仅求写实。这一阶段，题材、形式不再单一，手法具探索性并呈现一定厚重感。

七段，前半段，砚上不一定有“我”，但是制砚，砚石与题材，雕刻，砚艺已能交相互融。后半段，作品风貌独树，形成自己的个性面目，制砚进入有“我”阶段。

八段，作品见文心、学养、思想。做砚能随石随心，一石在手，可以拿、揉任意，作品人石合一，渐近化境。

九段，步入无我之境，这一境犹如看山不是山之后的山还是山。无我之境，不知砚中何为我，何为非我。作品大巧不雕，得自然，见自在。

20世纪80年代，婺源深巷里，我随王涧石先生一起行走。

先生说，你灵气好，到了龙尾砚厂，好好做，我看好你。

其时的我对灵气认识迷糊，不明白何是灵气，不知道自己有无灵气，不了解灵气于制砚如何重要。

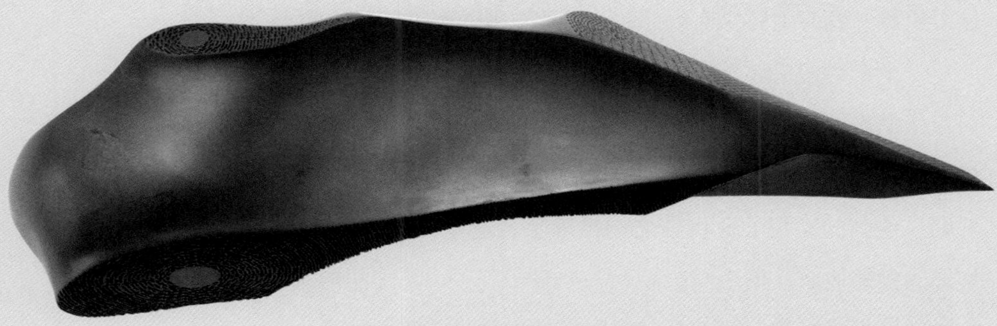

蜕变 张学军

这是一方探索性的砚。池、堂似有若无。刻，凸显作者的个性语汇。全砚随石取象，构成现代。从整体看，砚的概念在淡化。

若干年后，有个学砚的年轻人，他在砚的构造构成、整体效果、用材用料、设计巧思方面谈不上有特别之处，但雕刻于砚中的小鸟、小鸡、小虫等显得机敏。我对他特别有好感，也很喜欢他刻的这些“小东西”。

一个没经过艺术专业系统训练的人，“小东西”能刻得如此灵动，足见其与生俱来的灵气、天分。偶然机会，他去学校深造，画素描，学造型，练色彩，应该说，院校体系所必经的专业训练，他都经过了。回来后，他再度刻砚。他刻的动物的比例较之前准确了，造型比过去严谨了。他雕的人物，头部的骨骼关系，眉毛与眼睛，头与身子，手、足之间的关系较之前都有了长足的进步，可是，刻刀下与生俱来的机敏、灵性不见了。

与生俱来的机敏与灵性不是学来的。

二十年前，不甚明了的我也做过巨砚。

做巨砚，砚料独特、稀见，是砚料事；做巨砚，绝非搬抄一点图饰安在砚石上就算。从创意看，出新意寄妙理，让人感到妙笔生花妙不可言是前提；从雕刻看，技艺是否融于石、合于砚是至要条件。

巨砚是巨大之砚。下刀雕刻巨砚，要解决几大不好办。第一，根据大砚料因石入砚随材构思，同时能匠心独具另辟蹊径，不好办。第二，想雕什么能雕什么，不好办。第三，雕刻应体现什么、能体现什么，不好办。

做巨砚的更不好办在眼光、文心、静气、思想，在面砚石生出的凹凸感、大局观等。这些都有可能影响一砚，皆是一方巨砚成败的关键。

知己，时在具体的刻砚，时不是。

逐渐知，做砚，静下心来，任海枯石烂地老天荒，一径做就是了。

逐渐明白，一个制砚人是否已是一流大家，其实不在头衔、名号。

制砚，以一流大家论，有技艺，不等于一流，形成自己的风格、特色，未必就是一流。是否一流大家，要看砚雕作品是否有超常的体现，有无前所未有的前瞻性发展；是否一流大家，要看砚艺有无独出心裁的思考、见解；是否一流大家，还要看学术上能否自成体系，有领异标新的研究、成就，要看学养、思想、境界，看作品体现的不同于凡常的蕴意、气象。

制砚，雕不好砚时，看别人一刀刀在砚石上刻出云水飞凤、亭台人物，觉得人家真有本事。自己学会雕点什么了，看人家雕什么是什么，想雕什么能雕什么，对比一下自己，在砚石上能表现的不过是那点东西，不会的仍是不会。

一砚池，能否开得妙味浑然，一线条，能否做到流风溢彩？好，在一刀复一刀的由心田流溢的深入浅出中；不好，同样在乎心，在刻。

制砚，一块砚石在手，有人能化腐朽为神奇，有人却无法；有人能在砚里开出新天地，弥入逸气，刻出斯文，有人不能够。砚石上的一个点、一小块面、一脉奇幻的突兀，有人能够随那点、面、突兀施入灵性、不朽，有人只会一天天雕那过去，描那陈旧。

制砚，面一砚石，火候没到，任翻来覆去，天天读夜夜相，石还是那石，石上不会蹦出池堂线面，行云流水，溪桥人家。

面一石，什么是你能做的，什么不是？

制砚，走走停停，拿起又放下。制砚，我们为什么而制？是否，我们不必这样一如继往地坚守一意孤行？制砚，我们当如何制砚，该怎样在砚石上继续心的歌唱？

制砚，入砚门不易，入“知己”这道门，尤是。

十六、研究生

刻砚，讲感觉。有时下刀无感，有时有如神助。

刻砚，一刀刀重下或轻下，哪里该重，哪里该轻，全在刻刀入石的瞬间。

刻砚，下刀施入的不一定都美，也大可不必刀刀唯美，比如，一砚的敲打初形或刻到半途那会儿。

传道 张学军

这是一方取心象的会意砚作。忽一看，砚面构成是老的，细细观，人物、雕刻、语汇、意念，甚至整个砚，全然不同于概念的砚造。

刻砚，从下到收，有的一刀之中能体现绝美，有的却要一次次复刀，直到刻出美好为止。

刻砚，最喜在日光下安静雕刻。

光，潜移默化的另一把刻刀。

在日光下刻砚和灯光下雕刻不同，在强光下雕刻和在柔和的光亮下雕刻又不一样。不一样的光，可以微妙表现不一样的刻砚。

光，伴随在你下刀的忽深忽浅中，光，会不时地左右你的决定，比如这一地该深一点，另一地可以浅一点。

在一般情形下，平铺的自上而下的灯光会让你的刻砚表现得平和而均匀。这样的平和均匀，在大多数情况下，于一方砚无甚大碍，但是，将你的砚置于另一光源，可能有料想之外的发现。

刻砚之余，时常思考一问题：砚容易刻吗？

多年前，龙尾砚厂，有砚手曾对我说，刻砚，要说难也没什么难，只要你能将图案画稿细致、准确地凸刻出来，大体上不会错。

这是一个砚手的经验之谈。

以做砚实例看，这样的经验于刻砚可谓行之有效。

不过，要刻到这样，设计之重要自是异乎寻常。

就着一砚石，比如设计松针，扇形或椭圆松针，在砚上多组合成叠状。设计，若是一层层硬性叠加，松针叠成七八层或十多层，如此当如何刻？

有技巧的设计，松针一样叠起，但是多方位、多角度，变着法儿地叠加，这样的叠，层数看着丰富，刻起来简单，松针看着多，实际雕刻不多。这样的设计是既照应了雕刻难度，又考虑了画面效果的。

当然，刻砚要刻到大体不错，除了设计要好，还得掌握基本的刻砚手段，知道如何开池，做堂，起线，能熟练地运用平、圆、铲、刻、打刀等，不然，要准确地将图案凹凸刻出仍不易。

刻砚，需要边刻边想。

遇一年轻人，刻砚，不想松枝的生长规律，拿起刻刀便刻。他刻的松枝，有的由粗到细，有的刻刻便颠倒了，该粗的那头细了，当细的这头粗了。

刻过砚的人都知道，一方砚，只要料在，怎么都好办，料不在了，比如将该粗的地方刻细了，再要把它刻粗，神仙都无法。

刻砚需要知识、学问。

早年，刻一砚。

砚，刻的是竹笋。竹笋，自我感觉刻得不错，得意之时，我在竹笋上添刻了一青蛙。老师看了我的砚，沉默了一会，说，这方砚，池、堂、边都还不错，以刻方面看，竹笋细腻，青蛙生动，只是有一问题，供你参考，青蛙、竹笋是否能在同一时节出现？

老师这一问一下把我问住了。

青蛙、竹笋，同一时节能出现吗？

刻砚，很多人雕过李白。

李白不是武夫，不是大字不识的莽汉，不是邻里熟悉的温和老头，也非官样十足的官人。

刻李白醉酒，显然不是雕一怀抱酒坛翻倒路边酣睡的醉汉。

有人说，李白是浪漫的，可是仅浪漫不足以表达李白的个性。有人用“放达”二字描述李白，可是，放达的李白是怎样，入砚应该如何刻画？

杜甫，朴厚、深沉中略带感伤，可李白不是。刻李白，不少人爱刻举杯邀月的李白。许是以为雕出一个手举酒杯对着月亮的古人，便是斗酒诗百篇的诗仙李白了。

看过一段话，说，画家必须要有自己的特色。画家，绘画风格成熟才叫画家，没有风格的不叫画家，风格不成熟也很难成为画家。千篇一律就是画画，就是美术爱好者。

刻砚，我是否已有风格？我的风格成熟了吗？是否，我也一直在重复自己，我的刻砚也是千篇一律千砚一面，我同样只是一个刻砚的爱好者而已？

对于刻砚，我有过一段困惑。

许是觉得砚刻来刻去，池那样，堂那样，砚边还那样，天天这样刻，已索然无味。许是翻来覆去，刀下无非器物古人、松梧梅竹、山川风物。

刻砚，我们只能这样刻吗？一天天，一年年？

刻砚有了困惑，放下刻刀，读书，画画，或者写点文字？许是缘于困惑，那一段，心绪不宁，坐不是立亦不是。看书，画画，上手一会便又丢开。

很多年里的很多天，我都在工作室，在想砚和刻砚中度过。

之前，不愿刻砚或不想刻砚时，多半拿着刻刀刻刻，便继续相随砚里的溪桥云山花明柳暗峰回路转。可是那一段，不知如何继续砚的歌唱。

刻砚，最早的前十年，在婺源龙尾砚厂，与很多同行一样，我也在琢素，雕花，弄云，描松。

这一时期，看着是在开池，起线，做砚，其实不知砚的所以。

到攀枝花后，一天，去寂寥的砚石产地，偶然间拾到一砚石。那石，条状，看着像鱼，头、身、尾、鳞皆有，心里禁不住一阵狂喜。回来，三番五次地对着砚石看，想把它做成砚，可是，看归看，真要下刀将那鱼样的砚石做成砚，我不知砚池、砚堂该如何开，不知刀从何下，应如何下。

一天又一天，一年复一年。

花开花落，又一年过去，鱼样的砚石还是那石。刻砚多年的我仍不知如何在那砚石上开出池、堂、边线，做成浑然一砚。直到再之后的一年，又经由了不少刻砚后，终于，我将这块砚石刻成了砚。

现在，回望这方二十多年前的砚，想想其中的峰回路转柳暗花明，越发觉得，刻砚在我也只是在刻到鱼砚时，对砚算是有了点自己的认知、感觉，品尝到了一点点砚味。

刻砚，以一般情况看，快，两三天可以刻出一方。

多年前，刻过一砚，我那时出手贪快，好像刻了不到30分钟，砚便已刻好。那样快速的刻砚，砚上能留下些什么呢？现在想来，虽然刻砚那时，东雕一下西刻一把，看似到处都下了刀，其实砚上留不下什么，也不可能留下点特殊的什么。

刻砚，归根结底是边刻边想的绵细慢活。

刻砚，面一砚石，石品，是去是留要想；色彩，构想成什么要考虑；刻，是俏色还是巧刻，可以去掉的石色，是尽数去掉，还是有留有去？

有些砚石，可能一上手就有想法，有想刻的冲动，但是，这时的想法，由于多是忽来，大多朦胧而不具体。若是急于求成就着想法匆忙下刀，这样的刻多会刻到半截左右为难，刻到最后不了了之。

刻砚，快是功夫的日渐熟练。不过，熟练之后的能慢下心性，体现的是刻砚越过快速后的更高层级的功夫。

一个刻砚人，跋涉一生，若能行到这一阶段，可以每天就着一块不大的砚石，丢开其他，放下急切，边刻边想，十天也好，数月也罢，一刻再刻，一天天总有新的东西注入其中。制砚至此，才可谓步入门径，登堂入室，遁入道行。

刻砚，可以镂空，亦可以薄意。

刻砚，凹凸的艺术。

刻砚一刀刀，因为人的质性、情怀、思想的注入，石，于是不再是石，就此有了生命的温度。

刻砚的水平，不体现在你雕刻的如何层叠，深浮，空镂，而是跌宕中的如何能平，水样匀平中的能否出奇。刻砚，大家之所以为大家在于能无中生出那有，在凹凸不平中开出水平。

前几日刻一葫芦砚。

砚上的葫芦、叶片，俏色而刻，藤也是。葫芦的藤要刻出藤味，自然不能把它刻成松树的枝干。刻，经凹凸、深浅，刀下跟着得意起来。藤看着已然活络、翻转、延伸，充溢张力，藤之中似有血液在奔涌。

喜 俞飞鹏

得意的渐入佳境的下刀，会让你流连、陶醉在雕与刻的世界。刻砚行进到这一时，不断换刀的你更像是在抒写一个鲜活而富有意味的生命故事。

这样的刻，砚石已然不再冰冷，砚，也不仅是池、堂、砚边，刻砚也不都是铲、刻、打、俏，是什么呢？是一应的美好，是你美好感觉的奔流、外化、激扬、荡漾。

窗外雨声滴答。

我栖身在巴山一隅，感受着忽来的夜雨。浮想如傍晚的炊烟，由心田袅袅生出，又像绵密的雨丝，不断接连。

此时的我需要什么也不写，什么也不看，只留小灯一豆。

灯的光亮尽可能朦胧、迷离，柔柔软软且带些温婉，其他大块地方则由它漆黑。黑，每个夜晚都有的曾经；黑，是空的虚无，又是一泻万里的剔透空灵。墨黑的夜，让白日里的缤纷物类三六九等归于一统，让我得以心怀澄静，任神思穿越洪古。

循着黑，我一个人在雨夜里无根由地穿行。不知会走到哪，步入哪个界域，遇到哪一路神仙。

雨，时而绵密，时而稀疏。

黑的夜让我想到工精的端砚。

端砚，即便刻一荷叶，要刻凹凸有致的边沿，雕出边沿的翻翘，漫卷。细看，荷梗上还刻有见凹见凸的点，刻有皱裂的细密线纹，进一步细看，有的荷梗上还刻有极小的虫眼。

暗夜里，又想到一个月朗风清的所在。那里的庭院清幽而深入，推开前门，吱呀一声，有如打开洪古，四方敞亮的天井，端方的一地青石，气派的堂前、中庭、后庭，老式的雕花方桌、木椅，一一彰显曾有的辉煌。

那是刻砚长于抒情，注重性灵挥发的婺源，著名的名砚之乡、歙砚原乡。

突而有想，要是没有端砚、歙砚，我们的制砚将会怎样？

好在，我们还有广作的端、徽派的歙。

砚在哪？ 在石里。

面砚石而相，相什么呢？ 是相石品，观石色，察纹理，然后想着如何巧那石品，俏那石色吗？ 似乎是。

其实所有的相都环绕一个为，为砚石中本来就有的那砚。

相石之前，我们要做的工作，一是洗石。洗，可以让砚石上的纹色更清晰，重要的还在于通过清洗，可以察看砚石有无暗藏的裂缝、石病。二是敲打。敲打，是通过击打的声音，进一步辨别砚石有无伤病。三是察看。看，当然少不了要看砚石的形色、纹彩、石品、质性。不过，察看的至要在既要看到“树木”，还要得见“森林”。

相石的随灵运当风一行观天，入了深山又去荒原，误入沙漠又跋山涉水，其中谬误在随了以为正确的相。

相石，和大多数制砚人一样，我也喜欢相那有感觉的砚石。

不过，于成长性而言，不挑砚石的相，能在杂乱的砚石中随石而相，更能促进砚人的成长。

所有的砚石都藏有原本的砚。

在有感觉的砚石里找寻那砚，不过不错而已，能在几无感觉的寻常砚石里看出底里凹凸，才可谓妙手。

砚的问题，最常见的是浮于面上的池的问题。

池，关联砚堂、边线、图饰，以及一砚的整体。这一砚，如此开池可以，放在另一砚未必。开在花式砚上可以，搁在素式砚上不见得行。

做砚先得学会正确开池。

时常看到一些砚作，松梧梅竹、溪桥人家，刻，能随石因材巧色而制，可是池怎么看怎么别扭。这些砚，有的是偏重雕刻所至，有的知道池、堂重要，可是弄来弄去就是无法。

池的问题，面上看在池上，综合分析，不尽然。

制砚要讲量，得有量的积累。

刻砚，一定要多刻。所谓刀下生辉、妙笔生花与刻脱离不了干系。

曾经建议一个大师，让他有意识地刻几年规格砚。

规格砚，人工造型，是形态、长宽、厚度相对固定的一类砚。一样的形，甚至质性、档次都已命定，一方接一方做，不断地做，这样的砚，很多砚手不愿刻，无心刻，即便刻也多是敷衍了事。

刻什么，怎么刻，其实都是一种经历。刻砚，能经历一个看似无所谓为的阶段，对一个砚手日后的成长并非不是福分。

我的小学生活是在婺源著名的朱熹文庙度过的。那里有红墙黛瓦，翘角飞檐；那里有高大壮硕、威风凛凛的古盘龙立柱，文庙正中，是满满一池风荷的石砌方塘。

文庙背后有座山，称“儒学山”。

沿石径上山，一路漫山落叶，古木参天。儒学山的另一侧，坐落在幽静山根下的是一度名扬中外的婺源龙尾砚厂。

我的关于砚的最初认知，源起于这里。

想念婺源，想念坐在太师椅上品茶，待在雕花窗下读诗的日子。

多年前的一次，乘火车，途经一荒僻山野，列车戛然停下。

其时已是傍晚。车窗外，远远地，我看见有人身背一大捆柴火，行走在山道上，略近，知道竟是个女子，身后还跟着一光屁股小孩。

山脚下有几丛盛开的竹子，透过竹叶，里面见一木屋。木屋四门大开，像一人张着嘴在昏睡。

四野非常寂静，静得让人好像能听到木屋的呼吸。

没看见有人进出。

母子二人，他们会往哪里走呢，木屋是他们的家吗？

列车缓缓启动，也就在启动一瞬，我突然有了一些浮想，想她要不出生在这，山道上行走的兴许就不是这个女子，想到假若命运使然，让我降生在这个地方，我从小接触的恐也不是砚艺这一行当，自然，我也不会进入什么龙尾砚厂，为砚青灯黄卷山高水长，年复一年。

许，我就在这里打柴，耕田，生火，做饭，不会想着走出大山，不必知道山外青山世外天地，在这日出而作，日落而归，安身立命，生儿育女，清静地过自己的日子。

刻砚，刻的是砚。

面砚石，如果你一而再刻的只是画面，那么你在砚石上不过是雕刻图画而已。刻砚，当然不能仅泊于图画，陶醉在熟悉的松梧梅竹、龙凤人物里，不能自以为是地乐此不疲。

刻砚，想有所超越，成就卓越，先得学会刻砚的过去式，已然是。然后越过一些阶段，比如脱去堆砌雕琢，尽去媚态甜俗，远离哗众取宠、沽名钓誉、投机弄巧，再形成特立独行的“腔”，刻出自己的个性、符号。

刻砚，限制中的自由自在，戴着镣铐的舞之蹈之。

刻砚的高度在如何让砚不仅是砚，让刻砚能够浑融石、砚、文、心于一体，如心之油然而生，石之本来所孕。

刻砚在我，现在是越发觉得难了。

常常，面砚石不敢刻，或者越来越不知道怎么刻。

在内心，我知道一方好的砚，不在能否见工见细，琢素见古，更非能够按图施工，有图有画，面图画而刻画。刻砚的已然有，原本就有，那都是有之后的刻，不管你刻刀下的有是有的古人、他人或者你自己。

刻砚的能不流于一般，在你已经知砚、懂砚，还能一而再地脱去你的已有；刻砚的高人一筹，在胸中塞满了过去式，刀下总能匠心独来，别开生面。

十七、关于我的刻砚或什么

不知道刻砚的我怎么就出生在有龙尾砚的婺源。且由家里到砚厂，距离如此近。

小时候，看过砚工磨砚石，为磨平砚石，他们常常要边磨边往砚石底下添加水、砂，反复旋磨，如是，要磨平一块砚石，仍是艰难。

婺源，一个充满江南韵味的县府。当我一点点开始记事，知道小小的婺源县却出有理学家朱熹、科学家齐彦槐、音韵学家江永、篆刻家何震、铁路工程师詹天佑等大家名人时，心里对这个地方的景仰油然而生。

带着好奇，我行走在院落、巷弄，看古老的带方格的雕窗；看雕有神仙、瑞兽的雕梁；看小巷石板地上的天成图画；看年岁久远的古城门，雨篷船上袅袅升起的炊烟。

入龙尾砚厂，初始，也没想到钻研什么。

一任闲散，一径游荡。直到一个有雨的春天的下午，雨连绵、绵密，敲在老屋的黑瓦上，唠唠叨叨，然后汇成细流，再顺着屋檐流下。我坐在老屋里，看窗外连绵不断的雨水，一瞬，好像对砚有了别样感觉。

老巷，青石铺地。说是青石，其实并非都是青的。雨天里的石板地，黛色、淡蓝、浅黄、棕红，全出来了，那里边有山形、树木、溪桥、人家，宛若月宫雾霭仙境般隐隐浮现的洞天。

我出生的老屋，门是有雕花的老旧木门。推门或关上，会听到吱呀呀的脆响。内里有小道一径，走几步，上两石阶，一边通正屋，一边有小天井，天井的最里角架有通往楼上的木梯。

记忆中的老屋，正厅安有雕窗，四角有雕饰，主梁镂空雕刻将相、神仙等。楼上，有黑旧房间，有带虫眼的老课本、旧图书、民国时期的报纸，东一片西一块的残缺瓷片。

小时候喜欢看斑驳的老墙，边看边会想着找把刻刀顺那斑驳雕刻一下，有意思的是，老屋里找找，总能找到铁质刻刀。

小学三年级，我和母亲一起在老屋读完了全本《西游记》，之后，陆续读了《水浒》《三国演义》。五岁，看邻家女孩用蜡笔在石板地上涂画，从此痴迷画画。白天、夜里，梦中，上课乃至课间，好像都在画。上小学时，通分、约分一直鼓捣不明白，画画，至中学已全校第一。

住家附近，小伙伴特多。常常，我们三五成群聚到一起，玩安上橡皮筋的弹弓，玩自制的木头火药枪，时不时地还有大男孩过来讲个鬼怪故事。

夜里，有自由组合的游戏，我们可以躲在远远的黑咕隆咚的地方，让小伙伴四处奔跑来回寻找。

出家门不远，有山名“儒学山”，小时候常去那里。那里，有一径石阶上山，一路风荡疏林，枝叶漫天。

偶尔，会一个人跑到河边。那里有碧绿的草地，一片连着一片。

时常，我窝在草地上，看湛蓝的天空飘浮的白云，或惬意地蜷伏着，自由地胡思乱想，想《西游记》里的孙悟空，一个筋斗云如何能翻到十万八千里，十万八千里有多远，会翻到哪里。

那时到河边，多半是连跑带扑地倒向青草地，随地翻它几个或十几个跟头，衣服一如地干净。也爱把鞋脱了，赤足在草地上奔跑。

那时的星江河有成群的小鱼，每次我都要到河边，看它们在水里游弋，看它们钻进水底鹅卵石的草丛中，随清碧流水游来游去。

演经图 吴荣华

制砚者很注重画面感。出现在画面中的三个人物主次分明，构造严谨，着刀细腻，见工见性。整体疏密相间，浑如一幅古远图画。

一样要做坏事。

比如，只是觉得好玩，划根火柴就把人家菜地的一圈竹篱笆给烧了。至于后来人家怎么知道是我划的火柴，如何状告家里让我挨打，好久都没想明白。

那个时代，整个婺源县城就一条东西走向的街，东至东门桥头，西到西山脚下。那时家家都无电视，整条街上数来数去只有一两家百货店、两三家餐饮店，再就是理发店、副食品店，还有就是热闹的电影院了。

那时读书，没那么多作业要做。

遛马路，也就由西门向东门，又由东门向西门遛个来回。有时一个人行走，更多时候是同学相邀，时间又多在天地暗笼的夜里。于是，这一夜是我们几个同学自由晃荡的一夜。生，又喜欢上哪个一头乌发如泼墨山水的女孩；民，又会哼唱什么外国电影插曲；晓，上课画画老师如何生气，还有海峡那边的邓丽君，什么歌最好听，很晚很晚了，我们谈着天地，了无睡意。

那时，人和人交往真挚。

老爸总在忙工作。老妈下班赶回家忙着做饭。那时候说要义务劳动，喊一声，大人们扛起工具说去就去。

那时，哪家拆个老宅，想去找个古币什么的，三挖两掏就可以找到；那时，哪家有一幅什么古画，想去人家看看，去了便能看到。

初始学制砚，陈陈相因加循规蹈矩，困惑，有如担心我在外面惹事的老祖母，时不时地要把我关在老屋管起。

关在屋里，不能再和小伙伴们一起玩闹，我只能楼上楼下来回乱窜。

一次，突发奇想的我噔噔地到楼上，想试着从楼顶直接上瓦，看能不能在瓦上行走，看能否由自家的这一屋到另一屋。

踏在瓦片上才知道，不挪动还行，一挪动瓦片立时四分五裂。

上瓦行不通，待在楼上也只是看天。

逐渐安静下来，一个人，我开始看裹着灰尘的木竹雕刻、透雕的花窗、有雕饰的方桌、讲究造型的老太师木椅。角落的一枚铜钱，干裂的老旧木雕印模，一方缺边的破旧圆砚，一把老旧的没壶嘴、没壶盖的瓷壶，我会拿在手上，翻来覆去把看半天。

四方的老屋，现在想来就像一方古砚。

照着瓷器上的鱼纹、山水，雕窗上的松竹、梅花，我开始了最早的观望，学习，品味，临画。

夜里，油灯一豆，对着画本，我画意正酣。

那时，屋里屋外，除了油灯那点光亮，到处一片漆黑，黑得令人不敢伸手，怕黑乎的哪里又冒出一只手来，于是，也就在那时，我特喜欢瞪着眼睛四处观望，想把模糊的看清晰，在一团墨黑中看出意象。

除了看就是听，窗外边是一条细窄深长的巷道，间或远远地有人行来，走远。我待在家里，只是听。更深夜半万籁俱寂，听风的细微呼吸，听忽来的雨点忽而又去，听老屋里座钟嘀嗒嘀嗒走着，缭绕而寥远。

入川近三十年，没学会喝酒，不知道烟味，不懂四川麻将。人群中，时常手足无措，不知如何是好。

刻砚，曾经就想待在砚厂，一度为砚所困，不知怎么做砚。

一小块砚石，常常看了又看。

刻，享受直面砚石的融入、美好，那里有我飞扬的文思、时来的意象。喜欢走刀的曼妙过程，直口、平口、圆刀、鸭舌，时而圆融，时而劲净。

刻砚，感觉最好的是想刻那时，不管时间早晚，刀一路刻去，呼呼地下得顺畅，打哪是哪，如有神助。

要遇事在心，堵在那，那砚或那天，刻刀断不好使。

喜欢长夜漫漫，更深人静，一个人独坐看天看地或漫无根由地想。觉得池、堂、边仍是制砚的重要门径，觉得这一关不过，砚终是无法。

后记

不觉间,《砚里方外》写了好几年。

一如继往地边刻砚边写,思来想去,走走停停。写,仍是就着砚,突出不同角度,生长,漫染,一如继往地思辨,兼及砚的脉络、格式、工巧,涵盖器理、收藏、文心、气象。

刻砚,有过捉襟见肘,不知所以,亦有过随石随心,得意忘形。

写砚,每于写,总觉得自己在琢磨、斟酌。略感欣慰的是这部书的字里行间具有了点从容。尽管每每写点文字,总觉得不远处站着个人,那人似乎特别知砚,一直在看着我。

感谢婺源。感谢我在龙尾砚的日子。

感谢能一直相伴砚石,耳濡目染,可以自在辨识砚石,自性把刻,造砚。

飞鹏

2019年5月于四川西研居